AF330754

# LE NOUVEAU MACHIAVEL,

## OU

## LETTRES

### SUR LA POLITIQUE

### SUIVIE

### DE LA

## PROFESSION DE FOI

## D'UN CITOYEN,

Par J. F. SOBRY, Avocat en Parlement, Commis au Contrôle - Général.

1788.

# LETTRE

## DE L'AUTEUR

## DU

## MODE FRANÇOIS,

Où est agitée la Question des Assemblées Provinciales.

# LETTRE

# DE L'AUTEUR

## DU

## MODE FRANÇOIS,

*Où est agitée la Question des Assemblées Provinciales.*

*A Paris, le 29 Avril 1787.*

Vous desirez, Monsieur, que je réponde aux objections que vous avez entendu faire contre mon Discours sur nos usages ; & vous croyez qu'après avoir fait l'apologie de ma Nation, il est encore nécessaire que je fasse la mienne, & que je me justifie devant ses détracteurs ? Si l'on veut y regarder, je me flatte qu'on trouvera ma réponse dans mon Discours même : cependant, s'il faut quelques dé-

A 2

veloppemens

veloppemens de plus pour satisfaire d'honnêtes paresseux qui demandent de bonne-foi à être éclairés, je suis prêt à reprendre la plume, & à leur démontrer que les principes patriotiques que j'ai établis, abondent en preuves solides & en résultats heureux ; qu'il n'y a qu'une prévention aveugle qui puisse nier.

On se plaint de ce que toutes mes descriptions ne portent que sur des choses communes , & sur des faits connus de tout le monde. J'aime mieux, Monsieur, avoir tiré des choses les plus communes des considérations intéressantes, que d'avoir pris, comme tant d'autres, un sujet extraordinaire, pour le traiter d'une maniere commune. Quant à la grande notoriété de tout ce que j'ai rapporté & rassemblé, je répondrai que les faits qui servent de matiere à l'Histoire universelle étoient bien plus notoires, & que cependant personne ne s'est avisé de trouver mauvais que Bossuet les ait présentés en un seul tableau , & les ait rapportés à

des

dès principes communs. Ce que Boſſuet a fait pour l'Egliſe, je l'ai entrepris pour la Patrie. S'il n'y a point de parité dans les talens , il n'y a pas au moins de diſparité dans la grandeur de l'intention.

Vous me dites que pluſieurs Auteurs réunis s'occupent à donner au Public une deſcription de tous les offices de France, en dix volumes, ouvrage par ſouſcription, qui rentre dans le mien, & qui lui fera néceſſairement tort. Je réponds d'abord que la matiere de mon Diſcours n'eſt donc pas ſi commune & ſi mépriſable, puiſque des Juriſconſultes diſtingués, & un Littérateur eſtimable, ont cru devoir ſe réunir pour la traiter : mais j'ajoute que ces Ecrivains ne feront point de tort à mon ouvrage, & que mon ouvrage leur nuira encore moins. Nous aurons tout vu, tout expoſé, tout diviſé différemment. D'ailleurs, je ne préſente qu'un abrégé. Les abrégés font ſouvent deſirer les livres plus détaillés ; comme auſſi les livres détaillés font recourir aux abrégés.

On

On veut avoir de tout ; & rien ne fe reffemble. Ces Meffieurs ont entrepris de décrire tous les offices ; & je ne parle que de ceux qui tiennent à l'effence de la conftitution , & qui doivent toujours exifter, foit fous un nom, foit fous un autre. Je ne fuis même entré dans les détails, qu'autant qu'ils m'ont fervi à développer quelque principe utile.

On m'accufe de n'avoir pas dit toujours ce qu'on fait actuellement. Ma réponfe à cela eft facile. C'eft parce que tout ce que l'on fait actuellement n'eft pas l'ufage général , n'eft pas celui qui correfpond avec l'efprit de la Nation , & toutes fes autres relations. Je me fuis chargé de dire, non ce que l'on fait momentanément contre la raifon & contre le droit public, parce que tel Adminiftrateur a tel fyftême ; mais j'ai entrepris d'expofer ce que l'on a fait ci-devant avec raifon, ce que le fens national fait defirer qu'on faffe aujourd'hui , & ce qu'à coup fûr on fera demain. Il y a plus ; ce que l'on

doit

doit faire, j'ai dit affirmativement, en plus d'un lieu, qu'on le faiſoit ; parce que, nourri dans le travail de l'adminiſtration, je ſçais que l'on y tend, que l'enſemble des choſes demande qu'on le faſſe, qu'il eſt certain qu'on le fera inceſſamment ; & j'ai voulu par-là rendre complet un ouvrage que j'ai fait pour la poſtérité, autant que pour mes contemporains.

Je ſuis, dites-vous, entré dans des détails minutieux. Cela peut être. Mais cela ne m'amènoit-il pas, comme je l'ai dit, à quelque grande vérité ? Ces détails ne m'ont-ils pas ſouvent ſervi de paſſage à des réflexions importantes ? Ne m'étoient-ils pas néceſſaires pour complettér mon ſujet ? Idoménée & Mentor, dans un écrit immortel, ne diſtribuent-ils pas les maiſons de Salente ? Les petits objets placés à propos ne délaſſent-ils pas l'attention qui ſe rebuteroit d'être trop longtems élevée aux grands ? Et d'ailleurs le Lecteur doit-il être fâché de rencontrer

l'homme

l'homme dans l'Ecrivain, & d'avoir quelque grace à lui faire. Pour moi, je me plaifois en écrivant à compter fur fa bonhomie.

Au refte, Monfieur, je plains ceux qui n'ont de goût qu'aux chofes vagues & générales ; je plains auffi les Ecrivains qui veulent contenter de pareils gens. A force de s'occuper des chofes en gros, on ne découvre bientôt plus rien. Sans doute il ne faut pas mettre les poiffons aux fenêtres ; mais il faut décrire fenfiblement les objets, & indiquer tout ce qui en forme l'enfemble. L'on ne boit, ni l'on ne mange dans toute la Henriade ; le Poëte eût répondu que l'on fçait bien que les Héros ne vivent point fans manger. Mais le Lecteur veut fuivre autant qu'il peut, ceux qu'on lui préfente avec tant d'intérêt ; il veut connoître leurs ufages, ceux de leur tems ; & après plus de deux mille ans, on entend encore avec plaifir dans l'Odyffée, la vieille Euriclée qui ferme

la porte de la chambre de Télémaque,
& qui en laisse tomber le loquet.

On ose me blâmer d'être royaliste !
Est-il, Monsieur, de bon François qui
ne le soit ? Il n'y a qu'une cabale incon-
sidérée, formée par tous les écrits séditieux qu'on répand depuis dix ans, qui puisse
entreprendre de jetter du ridicule & de
l'odieux sur le Gouvernement royal. Il
est bizarre que cette faction ose ainsi se
montrer au milieu d'un Royaume aussi
éclairé sur ses vrais intérêts. Mais quand
on s'abuse une fois sur les principes, il
n'est pas étonnant qu'on aille de chute
en chute dans les conséquences, & que
l'excès de l'erreur amène enfin à l'excès
de l'audace & de la fureur.

Oui, Monsieur, je pense que la Monarchie absolue & pure est le plus parfait & le
plus excellent des Gouvernemens en général, qu'il est le plus parfait & le plus excellent pour nous en particulier, que tout ce
qu'il y a en France d'honnêtes gens & de
bons citoyens regarde l'unité & le maintien



de

de l'autorité, comme les garans de la tranquillité publique & de la prosférité de l'Etat; je pense que tout ce qui tend à mettre de la division dans l'exercice de l'autorité, tout ce qui tend à altérer la confiance que les François ont toujours eue dans leurs Rois, est contraire à notre bonheur & à notre gloire & ne peut nous avoir été suggéré que par les ennemis secrets qui se sont de tout tems glissés dans le sein même de cet Etat.

Et l'on ne peut point pour cela m'accuser justement de prêcher le despotisme ; parce que là où il y a des formes à observer, il ne peut jamais y avoir de despotisme. Et quand je n'aurois fait que rappeller l'importance de notre loi fondamentale qui ordonne l'observation des formes ; quand je n'aurois relevé que ce principe, dans un moment où l'on cherche à tout remettre dans la confusion, je croirois par-là seulement avoir infiniment mérité de la Patrie. Tant que les formes seront gardées, la liberté Françoise sera

toujours

toujours fauve, malgré la toute-puiffance du Roi. C'eft par leur obfervation feule que l'autorité du Monarque fera toujours folide, & la liberté du Peuple toujours affurée.

Les anciens Egyptiens, les Macédoniens étoient certainement des Peuples libres & policés; & ces Peuples étoient gouvernés par des Rois. J'ai prouvé, Monfieur, que dans un Etat monarchique bien réglé, qu'en France il y a plus de liberté & de politeffe que dans quelque République qu'on puiffe citer. Mais en louant notre adminiftration en elle - même, je n'ai pas prétendu que nous n'aurions pas quelquefois de mauvais Adminiftrateurs, des momens de malheur, de foibleffe & de confufion. Alors il ne faut pas attribuer au régime les fautes des Régiffeurs. Il faut fçavoir attendre des momens plus heureux, fe foumettre aux circonftances fâcheufes, & toujours fentir qu'elles font moins critiques dans les Monarchies que dans les Républiques.

Dans les Républiques il y a un grand



vice

vice à mon gré ; c'eſt la prévention du Peuple pour les gens en place. La haute idée que le Peuple a de lui, l'amene à en avoir toujours une grande de ceux qui le gouvernent. On ſçait cependant qu'il y a parmi les Adminiſtrateurs républicains beaucoup de ſots, tout comme ailleurs ; mais ce qu'il y a de malheureux, c'eſt que le reſpect qu'on s'accoutume à avoir pour eux rend toutes leurs ſottiſes ſérieuſes. Pour des riens, voilà des factions, des aſſaſſinats, des dévaſtations, des guerres civiles. Dans une Monarchie libre comme la nôtre, arrive-t-il en place des imbéciles ou des étourdis ? on ſe moque d'eux, on les croiſe, on les enveloppe dans leurs propres folies, & on leur fait à la fin quitter priſe. L'autorité auroit beau vouloir les ſoutenir, quiconque s'eſt fait mépriſer ne peut plus lui être bon à rien ; il faut qu'elle l'abandonne. Nous ſçavons eſtimer le mérite & la vertu, lorſqu'ils paroiſſent dans les places ; mais les plus grandes ne ſçauroient ſervir d'abri

à l'ineptie. Le bruit public retentit jufqu'au Monarque qui finit par voir comme
fon Peuple. Notre refpect conftant & in-
défini eft réfervé feulement pour la Majefté Royale , gage facré de la tranquillité
publique.

C'eft mon attachement conftant au principe de l'unité de l'autorité dans notre Monarque qui m'a fait condamner fi hautement
dans mon Difcours l'établiffement des
Affemblées Provinciales. Et c'eft, me dites-
vous, une des chofes dont les gens que
vous avez entendus , me fçavent le plus
mauvais gré. Je dois ici me juftifier dans
le fait, & développer davantage mes raifons dans le droit.

Dans le fait je femblerois avoir quelque
tort, puifqu'un Miniftre vient de propofer
ces établiffemens avec l'approbation du
Roi. J'obferve d'abord que mon Difcours
a été compofé en 1786 ; que l'impreffion
en a été achevée en Décembre de la même
année ; que cet ouvrage eft refté foit dans
les glaces de la Hollande , foit dans les

liens

liens de je ne fais quelle intrigue , jufqu'en Février 1787, où il en a percé quelques exemplaires , & qu'en conféquence
je n'ai point à me reprocher d'avoir con-
trarié des projets qu'il m'étoit impoffible
de prévoir de fi loin. J'ai encore à ajouter,
quant au fait, que le Roi n'a jufqu'à préfent donné aux adminiftrations provinciales
qu'une apparence d'approbation , puifqu'il
a affemblé un Confeil extraordinaire de
cent quarante Perfonnes , pour leur en
demander leur avis , & que cet avis reçu
il refte encore à fçavoir fi le Roi perfif-
tera à l'adopter, & fi les repréfentations
ultérieures des Parlemens n'en dégoûte-
ront pas Sa Majefté , lors de l'enregiftrement indifpenfable de ces établiffemens.
Tous ces points étant encore indécis dans
ce moment, laiffent paroître la propofition
des adminiftrations provinciales , comme
une fimple queftion de droit public, qui
peut être agitée par tout le monde. Ces
vérités pofées appuyent d'autant plus ce
que j'ai à ajouter à ma défenfe quant au droit.

Pour

Pour me juftifier dans le droit , j'obferve avant tout que , l'Abbé de Saint-
Pierre a propofé de donner en France
toutes les places par fcrutin ; que , lorfque M. d'Argenfon a propofé d'établir
des adminiftrations provinciales , ces honnêtes citoyens auffi aveugles que bien
intentionnés , ( & c'étoit affurément être
aveugle au dernier point ) ne propofoient
rien moins que de renverfer de fond en
comble la conftitution de l'Etat , de changer chez nous la Royauté en une forte
de préfidence ariftocratique , de fubftituer
l'abus des cabales , qui eft éternel , aux
abus de l'autorité , qui ne font que momentanées.

D'abord , le caractere François répugne
aux formes républicaines. Le François n'eft
point naturellement publicifte : il l'eft par
intention , lorfqu'il forme un projet conftant de l'être , qu'il veut faire fon état
de fervir fa Patrie dans l'adminiftration ,
comme lorfqu'il s'en fait un de la fervir
dans le militaire & dans la judicature ;

&

& alors il eſt meilleur publiciſte qu'un autre. Hors ce cas, les principes politiques des François ſe bornent à trois ou quatre points généraux : c'eſt l'amour du Roi, l'amour de la liberté, le deſir de la gloire & de la proſpérité publique, & ſur - tout le ſoin de contribuer au bien général, en ſoignant ſes affaires particulieres, & en faiſant proſpérer ſa propre maiſon. Il n'y a pas de François qui ne ſacrifie ſes biens & ſa vie à ſa Patrie dans une occaſion importante ; mais une attention habituelle à la choſe publique l'importune, à moins qu'il n'en faſſe ſon état. Peu diſpoſé à s'en mêler activement, il ſe contente d'y influer paſſivement par une opinion vivement ſoutenue, par la juſte approbation qu'il ſçait donner à tout ce qui lui eſt avantageux, par la noble réſiſtance qu'il apporte à tout ce qui lui nuit ou lui déplaît. Perſonne ne diſconviendra que tout pere de famille, de bon ſens, fuit chez nous la chaîne des affaires publiques, & laiſſe courir cette chance

aux

aux intriguans , aux esprits inquiets &
remuans, qui sont ordinairement incertains dans leurs propres affaires.

Il est si vrai que le pere de famille
François craint les charges publiques momentanées, qu'il ne tient que du Peuple ;
qu'on a été obligé de mettre à vie les
places municipales dans les petites villes,
pour trouver des personnes sortables qui
voulussent les remplir. Il est si vrai que c'est
le goût des François, de tenir les offices de la
seule autorité & d'en faire sa propre chose,
que ceux qui, outre l'agrément du Roi, ont
encore une finance qui les assure comme
contrats , sont regardés comme plus solides , sont plus recherchés , sont plus estimés que ceux qui sont en simple commission. Il est si reconnu qu'il faut maintenir l'unité de l'autorité en France, qu'on
a réglé , pour les grandes places qui sont
d'une nature élective, de présenter plusieurs
personnes au Roi , parmi celles qui sont
élues , pour que le choix du Prince
prime toujours & sanctionne celui des

citoyens.

G

citoyens. Cette néceſſité enfin eſt ſi reconnue, qu'après l'abolition du régime
féodal, après que les Etats des trois ordres qui ſe tenoient dans les Provinces
ont été changés en des compagnies de
prud'hommes élus parmi le tiers - état,
on a encore été obligé d'ériger en titre
d'office ces compagnies qui conſervent
aujourd'hui le nom d'Election.

Il n'y a donc que des gens antichés
de principes étrangers, qui puiſſent avoir
ſuggéré les aſſemblées provinciales, &
les adminiſtrations électives, ſoit ariſto-
cratiques, ſoit démocratiques. Et les cris
qu'on a faits contre la vénalité des offices
partoient des mêmes idées. Le mot odieux
de vénalité qu'on a employé pour exprimer la finance des offices, n'a ſervi qu'à
donner le change au Public, ſous une forme
qui lui convient dans un Etat monarchique,
où la propriété eſt le plus ſacré des liens.

Certainement nous ne voudrions pas
revenir aux tems de nos Etats généraux
& de nos anciennes aſſemblées; & s'il

étoit

en effet contraire à notre caractere &
à notre conſtitution que les choſes
fuſſent comme elles ſont; comment ſe
fait-il que ce ſoit depuis qu'elles ſont ainſi,
que nous ſommes arrivés à notre plus haut
point de force, de gloire & de bonheur?

Si donc les Intendances ont des abus,
elles conſervent au moins l'unité de l'autorité, & la poſſibilité de réformer ces
abus d'un moment à l'autre. La France
ſera-t-elle donc mieux gouvernée, lorſque
l'adminiſtration ſe ſera miſe ſur les bras
tous les intriguans des Provinces qu'elle
ne pourra plus modérer, ni repouſſer,
ſans mettre tout en combuſtion?

Vainement diroit-on que le Roi ne leur
donnera que la portion d'autorité qu'il
voudra, & qu'avec cinq cens mille hommes il ſera toujours maître d'en impoſer
à ces aſſemblées; lorſque le Peuple eſt
aſſemblé, remué & aveuglé par des brouillons, il ne regarde plus au droit, ni à la
puiſſance. Et d'ailleurs on ne doit jamais
mettre le Gouvernement dans le cas d'uſer



de

de ſa force contre lui-même. Les plus légeres de ces ſecouſſes, quelle qu’en ſoit l’iſſue, ſont toujours miſes au rang des crimes & des malheurs publics.

Les Aſſemblées provinciales ne ſont point en effet deſirées par le gros de la nation. Ceux qui les attendent & qui les deſirent, ſont quelques ambitieux du ſecond ordre, qui voyant trop de paſſages fermés à leurs menées, croyent trouver dans ce bouleverſement général, des moyens de faire enfin un perſonnage. Ce ſont quelques citoyens honnêtes, mais enivrés d’un livre ſpécieux ſur l’Adminiſtration des Finances, dont ils n’ont point été à portée de connoître les bévues. Mais ce ſont ſur-tout les hanteurs de cafés & de clubs, qui vont prêchant ce ſyſtême par-tout, uniquement parce qu’il tend à tout blâmer & à tout renverſer, & qu’une apparence de bien public permet à toute fin de le ſoutenir. Leur efferveſcence étouffe bien pour un moment l’opinion publique, mais heureuſement elle ne la

forme

forme , ni ne la dirige. Elle eft plus bruyante qu'elle , mais elle n'eft pas dura-ble comme elle , & la prudence en triom-phe à la fin. Certainement des affemblées de cafés, prefque toutes compofées de gens qui ont des travers , qui ne pouvant être fupportés dans des compagnies polies, font réduits à chercher de la fociété dans ces afiles publics, des clubs, inftitution imitée d'une nation à demi-barbare, qui étant fans com-munication avec elle-même, a befoin de pa-reils rendez-vous pour y agiter fes intérêts civils: tous ces conciliabules ne prévaudront jamais fur les fociétés vraiment nationales , que les devoirs civils forment dans les mai-fons des citoyens: fociétés où la préfence des femmes entretient la politeffe , prévient les emportemens , épure les idées , & où ce fexe délicat, que nous aimons tant à y voir dominer , femble fe plaire à nous récompenfer de cette déférence, en n'ac-cordant fes fuffrages qu'à la raifon , au mérite & aux vertus.

Voilà , Monfieur , où l'on retrouvera la

voix

voix publique, & l'opinion de la nation
parmi les citoyens diſtingués. Voilà où l'on
trouvera tous les cœurs portés à l'unité
de l'autorité du Roi, & ne deſirant que
le bon choix de ceux à qui il la confie.
Parmi le bas peuple, ce ſont les halles,
ce ſont les marchés qu'il faut ſavoir inter-
roger; & l'on n'y trouvera à coup ſûr que
des gens qui diront au Gouvernement de
faire ſes affaires, & de leur laiſſer faire
tranquillement les leurs.

On a imprimé qu'on avoit vu de habitans des campagnes *paître & diſputer
l'herbe aux troupeaux étonnés.* On devoit
ajouter que c'eſt dans un pays d'aſſemblée
publique, dans un pays d'Etats provinciaux,
en Bourgogne enfin, que cette oppreſſion
eſt arrivée. Peuples à qui l'on promet des
aſſemblées, ſouvenez-vous que du jour que
vous en aurez, toute ligne ſera interrompue
entre vous & le Monarque, plus de réclamation contre vos oppreſſeurs, plus de
reſſources, plus de changement de régime; vos tyrans ſeront cenſés être de
votre

votre choix , seront censés être vous-mê-
mes , & tous vos maux seront sans remede.

Ajoutons que si les administrations provinciales prennent, les citoyens se dégoû-
teront bientôt des offices royaux. Content
de faire un personnage politique dans sa
province , un propriétaire se déterminera
difficilement à suivre les grades pénibles
du service , ou à embrasser les fonctions
laborieuses de la judicature. Je ne parle
point ici des places de l'administration
royale , car elles seront désormais odieuses.
Et il n'en sera pas alors des assemblées
provinciales comme des grades munici-
paux , qui sont presque sans fonction, &
qui se subordonnent naturellement à toutes
les magistratures. Ces assemblées fixeront
l'attention , parce qu'elles seront le foyer
de tous les mouvemens , de tous les dé-
bats, de tous les projets. Il faudra donc alors
que le peuple ait assez de prudence pour
donner son intérêt & son attachement à
un double objet ; ou il arrivera que l'un de
ces deux objets effacera nécessairement
l'autre de son esprit.                C'étoit

C'étoit une chose bien plus dangereuse encore, que ces assemblées provinciales que l'on avoit proposées sous la présidence du Clergé, & dont l'Evêque devoit avoir chez lui le Bureau intermédiaire. Combien ne faut-il pas être aveugle, pour ne pas voir le danger de donner aux Prêtres le ressort de l'impôt, de leur mettre entre les mains un moyen aussi fort de dominer & d'étendre leur puissance! Pourquoi vouloir doubler les fonctions d'un ordre & laisser renforcer les unes par les autres? Pourquoi vouloir donner aux Evêques, ce qu'on n'auroit pas donné aux Commandans? On ne veut point ici critiquer, ni médire, mais après que la maturité des temps a brisé le glaive du fanatisme dans la main des Prêtres, faudra-t-il leur livrer le principal mobile de l'Etat? Ne sait-on pas que ces Officiers sédentaires, & à l'abri de tout risque, sont par-tout sujets à vouloir réunir dans leurs mains toutes les puissances? On a osé dire que rien n'est plus fait pour les dégoûter de leur royaume spirituel,

spirituel , que de les attacher ainſi au royaume teⅿ porel. On ne cherchera point à démêler ici le principe d'une idée auſſi bizarre ; mais il eſt viſible que loin de les dégoûter de leur royaume , c'eſt là un moyen certain de leur en donner deux.

Il faut encore ajouter à cela que les prêtres ne doivent être que paſſifs dans l'affaire de l'impôt ; parce qu'ils n'ont pas des propriétés comme propriétaires , mais comme officiers , & que leurs bénéfices ne ſont pas des revenus , mais des appointemens ; & en ſuppoſant que les aſſemblées provinciales paſſent , il eſt ſenſible qu'ils ne doivent y être admis que pour raiſon de leur bien de famille.

Telles ſont , Monſieur , les raiſons qui m'ont fait jetter ſi loin les aſſemblées provinciales. Que ſi malgré toutes ces conſidérations , il eſt arrêté dans l'ordre de la deſtinée que ces établiſſemens auront lieu , je ne déſeſpérerai pas pour cela du ſort de la patrie ; & je penſe qu'elle trouvera bientôt dans elle-même des moyens de ſe rele-

D

ver

ver de cette faute. Dans leurs commence-
mens ces adminiſtrations ſeront moins
nuiſibles. Les nouveaux ſyſtêmes, comme
les nouvelles religions, veulent toujours
afficher du zele, de la pureté, de la ſoumiſſion, & ſe tiennent ſur leur garde pour
déconcerter la critique. On pourra profiter
de ce premier mouvement, & faire reprendre peu à peu aux choſes les formes monarchiques, à meſure qu'on ſentira naître les
inconvéniens. Mais combien ne ſeroit-il
pas plus heureux d'y renoncer & d'épargner
cette convulſion à la choſe publique!

Certainement les intentions paternelles
du Roi qui ſont de ſoulager la claſſe indi-
gente des ſujets, en rétabliſſant l'équilibre
dans les taxes, & par ſuite dans les revenus
& dans les dépenſes de l'Etat; certainement ces intentions précieuſes peuvent
être remplies, ſans recourir à aucune inſtitution républicaine. Il y a des formes pour
la juſtice, comment n'en a-t-on point encore ſu trouver pour l'impôt? Qu'on faſſe
diſparoître l'arbitraire des taxes, qu'on éta-
bliſſe

bliffe une mefure que le citoyen puiffe
réclamer , que le Monarque faffe feulement
pour le citoyen en particulier, ce qu'il
confent à faire pour le peuple raffemblé ;
qu'il l'appelle pour concourir à fa propre
taxe, en préfence de deux voifins , devant
un Magiftrat conmis pour faire le rôle.
Chacun en particulier , en préfence de fon
Prince, ferôit-il moins patriote que confondu dans une affemblée orageufe? Mais
je m'apperçois que je fais un projet ; &
je ne crois pas qu'il y ait en France de plus
miférable rôle à jouer, quand on n'a point
de miffion.

Mais le moment, dit-on , eft preffant.
Nous voyons par-tout des maux fans nombre , & nos allarmes vont jufqu'à l'étranger
dépofer de notre détreffe. Tout eft en défordre , tout eft en rumeur. On s'affemble ,
on difpute , on s'échauffe ; jamais on ne vit
dans l'Etat une pareille efferveſcence. Ce
ne font cependant que les faux fyftêmes
de deux Miniftres qui ont caufé ce boule-
verfement. Tout deux ont trop parlé en

D 2

public

public , trop écrit , trop agité les esprits de la multitude. Ils se sont si fort complu dans ce qu'ils ont dit , qu'ils n'ont pu se méfier d'eux dans ce qu'ils ont fait. L'un a emprunté sans fin dans le moment où il falloit imposer ; de sorte qu'il faut imposer aujourd'hui doublement pour le capital & pour les intérêts de la dette. L'autre a cru que la nation étoit aux abois , parce qu'il avoit eu l'art de se rendre tout difficile , en se faisant détester par ses principes & mépriser par sa légereté. Il a cru qu'il falloit tout changer, parce que tout lui étoit contraire. Il fuit avec ses projets L'Etat reste avec ses ressources. Nous devons trouver de quoi y rétablir la confiance & le calme dans les esprits.

D'abord les revenus ordinaires de l'Etat dont le Roi ne doit aucun compte, suffisent pour les dépenses du Gouvernement dont il ne doit non plus aucun compte, & nous aurions une guerre longue à soutenir, que le Prince trouveroit encore dans ses re-venus de quoi y faire face. Notre malaise, die , notre déficit ne proviennent que de la dépenfe extraordinaire des rentes : fraiſ néceffaires des emprunts. Et il faut favoir fentir qu'il n'y a plus aujourd'hui d'autre moyen de guérir un mal dans lequel on s'eſt ſi indifcrétement précipité, que d'impoſer un peu & de continuer d'emprunter. De continuer, dis-je d'emprunter pour payer les anciennes dettes , en obfervant d'en éteindre chaque année plus qu'on n'en contraƈte, & toujours ainſi juſqu'à leur entiere extinƈtion. Il n'y a pas befoin pour appercevoir cette vérité, de longues délibérations, degrands calculs, de profonds examens. Que voyons-nous au reſte dans tout cela, qui ne raffure ? Un Roi fage qui fe fait une loi effentielle de maintenir les engagemens de la chofe publique, une nation pleine de moyens & de bonne volonté, des Parlemens prêts à concourir à des arrangemens juftes, approuvés par la voix publique , une armée bien entretenue & capable de garantir un Etat auffi tranquille en dedans , de toutes les infultes du dehors ;

qu'on

qu'on ajoute à cela un bon Miniftre, ferme, prudent, éclairé, & toute affemblée extraordinaire paroîtra déformais inutile; difons tout, difcordant avec l'ordre public & les opinions nationales.

Quoi donc ! confier le foin de la chofe publique à une affemblée inopinée, dans une monarchie où l'on n'eft point en haleine fur cette efpece de devoir ! Quel étrange confeil à donner à un Monarque naturellement confiant, & d'autant plus porté à s'y livrer qu'il y a vu plus de nobleffe & d'abandonnement. Quel temps, quelle circonftance a-t-on choifis pour le porter à cette démarche extraordinaire; un temps où tous les efprits font ivres de principes faux, répandus dans des livres pathétiques, que des ambitieux on fait femer; un temps où il y a de tous côtés des partis formés, & des intérêts contraires à la chofe publique, qui ofent fe montrer à découvert; un temps qui paroît difpofer toutes chofes plutôt pour l'arrivée d'un Cromwel que pour l'exercice d'une autorité légitime ? Eft-ce

donc

donc que dans des temps pareils il n'eſt pas reconnu que l'on doit plûtôt concentrer les conſeils que les étendre.

Ah ! ſi un Roi de France veut connoître la voix publique, qu'il ne convoque point d'aſſemblée extraordinaire ; qu'il choiſiſſe pour conſeils des gens prudens, expérimentés, connus pour avoir déja géré les affaires publiques avec approbation, & qu'il écoute leurs avis. Si un Roi de France veut avoir un ſuffrage public, légal, qu'il convoque encore moins d'aſſemblée dont il nomme les membres ; qu'il convoque les Ducs & les Grands qui doivent ſiéger d'office au Parlement. En qualité de Souverain, il eſt inconteſtable que le Roi a le droit d'ouvrir & de fermer la bouche à ces aſſemblées, comme ſa ſageſſe le lui conſeille. Pourquoi ne tiendroit-il pas quelquefois des lits-de-juſtice conſultans, comme il en tient d'impératifs. C'eſt là où il pourroit connoître l'opinion publique. C'eſt là le foyer de toutes les formalités ; c'eſt là où ſont les vrais Notables du Royaume.

Royaume. Les autres ne peuvent ni obliger le peuple, ni parler pour lui ; ils n'ont ni miffion ni caractere politique, ils ne peuvent jamais former qu'une voix particuliere. Au refte le peuple François n'a de repréfentans que lui-même & fon Roi; c'eft là un principe conftant chez nous. Les Romains fe quali-fioient, *le Sénat & le Peuple Romain*. La feule qualification politique de notre na-tion, eft *le Roi & le Peuple François*.

Cette matiere eft intéreffante, un cœur français eft ému en la confidérant. La tran-quillité publique, ce vœu conftant de tout citoyen qui aime fa patrie, y eft inftam-ment liée, & l'on ne peut la quitter fans l'épuifer. Si donc un Roi de France veut avoir un fuffrage public, véritable & per-fonnel, qu'il affemble les Etats généraux du Royaume ; mais qu'il ne les affemble pas felon les anciennes formes, car il s'ex-poferoit encore à n'avoir qu'une affemblée partiale & oppreffive, qui ne feroit point la voix publique.

Je l'ai démontré dans mon difcours fur

nos

nos ufages. L'ancienne compofition de nos
Etats généraux étoit gotique ; elle feroit
impraticable aujourd'hui , & le peuple ne
la recevroit point par plufieurs raifons ;
mais fur - tout parce que le Clergé qui
étoit autrefois tout formé du Tiers-Etat ,
donnoit à cet ordre fa jufte prépondérance , & qu'aujourd'hui le Clergé & la
Nobleffe ne faifant plus qu'un ordre , cela
réduiroit à rien le fuffrage du Tiers-Etat.
Si donc le Roi croyoit devoir affembler
les Etats généraux pour quelque grande
circonftance , il me femble que l'ordre
des tems demanderoit que la Police en
fût conçue ainfi.

1°. Que le Peuple François fût divifé en
trois ordres préfidés par le Roi.

2°. Que le premier ordre fût compofé
de tous les Magiftrats fupérieurs , foit
miniftériels , foit eccléfiaftiques , foit ju-
diciaires , foit militaires.

3°. Que le fecond ordre fût compofé de tous
les propriétaires terriens payant à l'Etat
jufqu'à une fomme déterminée de fubfides.



4°.

4o. Que le troisieme ordre fût composé des citoyens domiciliés au - dessus de quarante ans, payant à l'Etat jusqu'à une autre somme déterminée de subsides.

Cette composition ne renfermeroit-elle pas d'une maniere simple & juste tous ceux qui ont droit de voter dans la chose publique, & d'y faire prévaloir leur opinion? Et ces commices ne seroient-elles pas parfaites, en ajoutant à leur composition une police sûre pour recueillir les suffrages, & maintenir la tranquillité, & en ayant soin d'amener les questions à des points simples; de sorte que le peuple, après avoir délibéré, n'eût qu'à les admettre ou à les rejetter?

Tels paroissent les changements préliminaires que les tems feroient desirer dans les Etats généraux, si quelque grand événement forçoit contre toute apparence à les convoquer un jour. Mais jusqu'à ce qu'une pareille convocation soit jugée nécessaire, il est certain que les Parlements sont les seuls Conseils nationaux & avoués. Leurs enregistrements sont des formes sûres, tranquilles, néceffaires ; & il n'y aura jamais que d'impolitiques Adminif- trateurs & des ennemis de l'autorité royale qui confeilleront à nos Princes de les décliner. Après avoir confidéré d'auffi grands objets, je fens combien il eft défavantageux de ramener l'attention fur foi. Il faut cependant que j'acheve de répondre à nos critiques.

On me blâme de n'avoir pas mis mon nom à la tête de mon ouvrage, foit pour en être le garant, foit pour en recueillir la gloire. Je réponds que mon nom ne peut gueres ajouter à la force de mes preuves. *Si j'ai raifon, qu'im- porte qui je fois ?* Très-heureufement in- connu dans le monde littéraire, je n'ai point de réputation qui puiffe prévenir pour ni contre ce que j'ai pu dire : ainfi, il eft indifférent pour le public de trou- ver mon nom fur le frontifpice de mon Difcours. Ce n'eft cependant pas que je craigne d'en être le garant. Quel que foit fon mérite, mon intention y eft par-tout



bonne ;

bonne ; & je m'applaudis de l'avoir fait. Je suis même content d'en être reconnu pour l'auteur ; mais dans les circonstances j'ai cru qu'il étoit à propos de n'en point donner de preuve légale, & de me retrancher dans l'anonyme, ce dernier asile du droit des gens en littérature.

J'ai craint, je l'avoue, les méprises d'un Gouvernement que j'ai vu pendant quelques instants trop sujet à agir contre lui-même. J'ai voulu lui épargner le tort de me persécuter, s'il étoit injuste ; je n'ai pas voulu courir le risque de ses erreurs, s'il étoit prévenu. Car tout en indisposant les esprits outrés par les avantages que je donne dans mon Discours à la puissance royale, je pouvois aussi trouver dans le Gouvernement d'autres esprits outrés, capables de s'indisposer de ce que je fais trop valoir les droits du peuple. Vainement, me diriez-vous avec J. J. Rousseau, qu'il y a des choses qu'un honnête-homme ne doit point prévoir ; je répondrai que Rousseau a raison pour son honnête homme,

homme, pourvu qu'il ajoute ces mots :
« Qui eſt un ſot » ; parce qu'un honnête
homme intelligent voit la droiture & la
raiſon où elles ſont, & ſçait prévoir la
malice & l'ineptie où il eſt après tout
très-poſſible qu'elles ſoient. J'eſpere qu'enfin
le moment n'eſt pas loin qui raſſurera
ſur de pareilles craintes.

A l'égard de la gloire, je crois qu'un
honnête homme peut la deſirer, & c'eſt
là volontiers le but d'un écrivain. Je crois
bien que parmi le nombre infini de choſes
importantes que j'ai développées, il en
eſt qui pourroient me donner quelque
gloire, & nombre d'écrivains en ont
obtenu à moins ; mais je ne ſçaurois être
trompé en n'en obtenant point ; car je n'ai
eu pour unique but que de bien faire &
d'être utile ; & je plaindrois bien ſincé-
rement aujourd'hui tout écrivain grave qui
auroit la ſoif de la gloire. Eſt-ce que les
intrigues & les objets frivoles n'abſor-
bent pas toute l'attention ? Eſt-ce qu'un
danſeur, qui eſt le dernier des talents,

ne

ne recueille pas plus d'applaudiſſements aujourdhui , n'eſt pas plus fêté , plus ac-cueilli , qu'un Ecrivain utile qui eſt le premier des mérites ? Non , Monſieur , je ne me ſuis point abuſé ; je n'ai rien fait pour obtenir de la gloire ; je ne crois pas en mériter beaucoup ; mais je n'en ai point, & à coup ſûr je n'en recherche point.

Mais ſi je ſuis peu curieux de gloire , & peu touché de n'en point obtenir ; je ſuis en récompenſe inſenſible aux critiques injuſtes , aux épigrammes , à la ſatyre & aux dériſions. Quelque ridicule qu'on veuille me donner , je ne le prendrai certainement point. Mon Diſcours ſeroit jugé mauvais d'un bout à l'autre : on me refuſeroit du mérite , & comme politique , & comme philoſophe , & comme écrivain, que je n'en aurois point honte du tout. N'ayant point de chance favorable à cou-rir , ce n'eſt pas la peine que je m'em-barraſſe dans les chances fâcheuſes. Mes intentions ſont droites : j'ai parlé au public avec le reſpect qui lui eſt dû. Je n'ai rien à me reprocher.                              On

On trouve au surplus que j'ai trop flatté nos Grands, jetté trop loin la petite Noblesse, & que j'ai l'air en tout d'un homme payé par le Gouvernement.

J'ai dit de nos Grands ce qu'ils doivent être, ce qu'ils ont presque toujours été, ce que la plupart d'entr'eux est encore, ce qu'ils sont fait pour être toujours, nobles, généreux, impartiaux, polis, aimables, & ajoutant souvent à ces qualités le mérite & la vertu. J'ai dit cela, parce que je l'ai pensé & vu ainsi. Je déclare que je n'ai jamais reçu d'eux aucune marque d'amitié. Le peu de ceux à qui j'ai eu affaire directement, ne m'a même donné que des sujets de m'en plaindre. Mais cela ne fait rien à la these générale. Je n'ai non plus obtenu, ni demandé les bontés de nos Princes; & l'hommage que je leur ai rendu n'a été en moi que la voix des citoyens.

Je n'ai point blessé la noblesse du second ordre qui se conduit bien. J'ai blâmé celle qui se ligue & qui cabale,

celle

celle qui néglige de s'inftruire, & de prendre des formes fociales, celle qui veut que la naiffance tienne lieu de mérite & d'honnéteté, tous ces petits Caligula de châteaux qui veulent paffer pour des Fabricius, & à qui l'établiffement des Intendants eft fi odieux. J'ai infifté fur la néceffité qu'il y a d'arrêter ces créations de Nobles qui, en donnant au Tiers-Etat une nobleffe factice, lui ôtent fa véritable nobleffe & fes moyens. J'ai dit que les feules places font les degrés qui doivent régler la fubordination dans une Monarchie. Tout cela étoit, je crois, utile à rappeller dans un moment où de petites ligues croient avoir acquis affez de force pour tenter de nous faire reculer dans la Barbarie.

Que fi j'euffe pour le ton de mon Difcours confulté la voix de mon intérêt perfonnel, j'aurois plutôt fait des plaintes qu'une apologie. Depuis dix ans au fervice du Roi, dans une partie importante de l'Adminiftration, je n'y ai éprouvé que de l'injuftice & des dégoûts. Et la publicité

de

de mon Difcours ne fera que me mettre
plus en butte à la malice des intriguants
à qui elle eft en proie; tandis que mon
même travail & ma même conduite, m'offroient au barreau une fortune affurée. Heureux fi mon dévouement, fi nuifible à
ma famille, peut être utile à cette même
Adminiftration dont j'ai eu en vue de
confacrer la fageffe, malgré les égarements
de quelques Adminiftrateurs !

Quant à mon ftyle, je pourrois me dif-
penfer de le défendre, cette partie de mon
ouvrage paroiffant ne tenir qu'à la vanité;
mais comme elle tient auffi à la raifon , &
que j'aurois en effet manqué au public, fi
avant d'entreprendre de lui parler, je ne
m'étois pas fenti à-peu-près fûr de m'exprimer d'une maniere fupportable ; je vais
mettre à cet égard tout mon orgueil à découvert. Je crois, Monfieur , que mon
ftyle eft le ftyle de la chofe , & que ce
feroit à tort qu'on y chercheroit des fautes.
Je paffe condamnation fur quelques né-
gligences inévitables dans un Ouvrage auffi

F

plein.

plein. Je protefte contre un nombre infini de fautes d'impreffion, & pour le refte , je crois avoir mérité quelques éloges. Avoir fu ramener à la clarté & démontrer jufqu'à l'évidence , les vérités les plus abftraites de la politique; avoir réuni dans une feule maffe bien liée un nombre auffi énorme de prin- cipes & de propofitions ; avoir préfenté la chofe publique entiere fous un feul point de vue, non-feulement fans confufion, mais avec un ordre fi fimple & fi naturel, que le développement feul en feroit récréatif , quand même il ne feroit pas infiniment inf- tructif ; tout cela me fera toujours accorder quelqu'eftime parmi les bons efprits. Je crois avoir rappellé au public la fimplicité, le nombre & la pureté de la profe françoife, dont on flétrit tous les jours la délicateffe par des diatribes , des déclamations, des excès , des emportements d'autant plus froids qu'ils font moins naturels. Et même parmi nos plus beaux ouvrages , nous en voyons beaucoup pour fronder & pour détruire , très-peu pour édifier & pour

établir.

établir. La critique a par elle-même de l'énergie & du piquant ; l'apologie eſt en elle-même indifférente & fade , ſur-tout lorſqu'un ſujet ſage force un écrivain à renoncer preſque par-tout aux phraſes d'appareil.

Croyez-vous , Monſieur , qu'il n'y a pas quelque force à avoir ſoutenu juſqu'au bout avec intérêt la gravité & la ſimplicité qu'exigeoit mon ſujet? & pourroit-on montrer beaucoup de modeles d'un pareil ouvrage ?

Voilà , Monſieur , ce que je ne crains point de dire à quiconque ne craint point d'être injuſte & déſobligeant. Au reſte , mon diſcours frondant toutes les ſortes de folies , je n'ai pas prétendu qu'il ne feroit pas odieux à toutes les ſortes de fous ; & ce feroit à moi une folie encore plus grande que de m'en embarraſſer.

Quant aux perſonnes de bonne foi qui rejettent la plupart des principes contenus dans mon Diſcours , je ne leur dirai pas comme Monteſquieu : *Rejettez tout, ou admettez tout.* Je leur dirai avec Corneille

ſur

sur les chofes qu'ils rejetteront : *Repaffez-les deux fois au fond de votre cœur ;* après cela, fi vous perfiftez à les rejetter, n'enveloppez pas dans votre profcription tant d'autres chofes utiles que j'ai le mérite de vous avoir fait remarquer. Ce qui a pu vous être profitable, eft ce que j'ai véritablement voulu vous offrir ; le refte eft par-deffus le marché : vous en ferez ce que vous voudrez. Si tout ce que j'ai décrit eft bientôt renverfé, il n'en demeurera pas moins vrai que tel étoit l'état des chofes en 1786 ; & il y aura encore quelques bonnes gens qui feront bien aifes de confulter mon Difcours comme un ancien Almanach de cette même année, qui ne laiffera pas alors de faire époque.

*J'ai l'honneur d'être, &c.*

# DEUXIEME LETTRE

## DE L'AUTEUR

## DU MODE FRANÇOIS.

# DEUXIEME LETTRE

## DE L'AUTEUR

# DU MODE FRANÇOIS;

*Où en parlant beaucoup de lui, cet Auteur développe plusieurs vérités utiles sur la Politique & sur la Littérature.*



10 Septembre 1787.

IL semble, Monsieur, que ce n'est gueres le moment de s'occuper de l'ordre de la maison, lorsque des imprudens ont mis le feu aux quatre coins. Mais tant de gens habiles s'occupent à l'éteindre, & la construction de l'édifice est si solide, que je crois que nous pouvons, sans témérité, continuer à nous entre-

A 2                                    tenir

tenir des avantages que nous y trouvons, certains que les réparations que tout ceci va forcer à y faire, ne le rendront que plus durable & plus parfait.

Je commence par convenir que le moment n'a pas été heureux pour publier mon discours apologétique de notre gouvernement, & que quelques honnêtes gens ont peut-être eu raison de voir avec effroi un ouvrage qui pouvoit redonner de la force à une administration corrompue, qu'on desiroit voir arriver au dernier degré de l'erreur, pour la voir en même temps au dernier degré de l'impuissance. Aujourd'hui que la crise est venue, que toutes les fautes sont connues & publiées, que cette administration est forcée de rouler déformais sur les bons principes, je crois que ces mêmes honnêtes gens pourront revoir mon discours avec plaisir, & qu'un travail de citoyen obtiendra à la fin le seul prix qui lui est dû ; le suffrage des bons citoyens.

Moliere

Moliere ſavoit bien que ſon Miſan-
trope étoit un bon ouvrage, & que le
public devoit le goûter. Il le donna &
redonna, juſqu'à ce qu'enfin il réuſſit.
La grande opinion qu'il avoit du public
ne lui permit pas de ſe regarder comme
tombé le premier jour ; & il penſa ,
avec raiſon, qu'une nation auſſi éclairée
ne pouvoit pas perſiſter à rejetter une
piece qu'il ſavoit mériter ſon ſuffrage.
Sans me comparer, je ſerai comme ce
grand homme, je dirai & je redirai au
public qu'il doit quelque attention à mon
diſcours , je la ſolliciterai par tous les
moyens poſſibles : je déclarerai à toute
occaſion au public que je regarde ſon
ſuffrage comme m'étant tôt ou tard
acquis , & que ſi je regrette quelque
choſe à ne pas l'avoir emporté d'abord ,
c'eſt de ne pas avoir fait auſſi vîte à
mon pays le bien que je deſirois , en
redonnant à la choſe publique l'union
qu'il ſemble que tout conſpire aujour-
d'hui à lui ôter.

Dans

Dans les circonſtances où nous ſommes, il eſt ſans doute du devoir d'un
citoyen de ne parler qu'avec réſerve en
public des actes du gouvernement ;
mais c'eſt alors qu'il importe le plus de
traiter des principes du gouvernement &
des uſages nationaux. Cette matiere appar-
tient aux ſciences, le droit public permet qu'on en traite, les beſoins du peuple en demandent l'expoſé ; & il n'y a
que la tyrannie, ou une volonté perfide
de tout embrouiller qui pourroit s'en
allarmer. Une république a mis au rang
de ſes loix la défenſe expreſſe de parler
de ſon gouvernement. On n'a pas beſoin d'obſerver que ce n'eſt ni du Sénat
Romain, ni de l'aréopage, qu'eſt ſortie
une telle défenſe ; & l'on voit aſſez par
cette précaution, que ce ne ſont pas
des apologies que cette république a été
dans le cas de redouter. Elle a d'ailleurs très-bien reçu le livre Era-Parlo,
qui donnoit de l'unité à ſes principes
d'adminiſtration,

d'adminiſtration , quelque odieux qu'en fût le développement. Si donc la jalouſe & ſoupçonneuſe Veniſe a cru devoir accueillir un livre qui en la ſervant l'humilioit , & qui lui faiſoit , pour ainſi dire , payer ſa ſûreté au prix de ſon honneur ; que ne doit pas faire le gouvernement François pour un ouvrage qui , en publiant ſes principes, publie ſa gloire ; qui, en rendant viſibles tous les reſſorts qui le font mouvoir , démontre authentiquement ſa juſtice , ſes reſſources , & ſa grandeur ?

Je continue donc à répondre aux obſervations que vous avez bien voulu m'adreſſer ſur mon diſcours , dont pluſieurs , quoique juſtes en elles-mêmes , ne prouvent abſolument rien contre lui. Par exemple , ce que vous m'objectez ſur la politeſſe & ſur la civiliſation, n'empêche pas que ce que j'en ai dit ne ſoit vrai. Vous avez tiré des mêmes principes des conſéquences autres que les miennes , mais non des conſéquences oppoſées aux miennes.

miennes. Il s'enfuit encore de ce que vous me faites l'honneur de m'écrire à propos de la barbarie, que vous auriez fuivi un autre fyftême de développement pour dire ce que j'ai dit ; mais non pas que vous auriez dit autre chofe que moi ; par tout autre chemin vous feriez néceffairement arrivé au même point :

Que fi j'ai fuivi ce fyftème de développement plutôt qu'un autre, c'eft qu'il cadroit mieux avec mon plan , c'eft qu'il fe lioit mieux avec nos mœurs , c'eft qu'il eft vrai que telle a été chez nous la marche de la politeffe & de la civilifation ; c'eft que cette manière de la préfenter étoit plus analogue aux récits précédens , & alloit plus à mon but , qui a été de donner de l'enfemble à notre nation, en la découvrant elle-même à elle-même, & de nous faire aimer d'autant plus notre patrie & nos inftitutions.

Souvent en relifant le difcours de Boffuet fur l'Hiftoire Univerfelle, [ on

pourroit

pourroit ajouter , de l'Eglise ] ; j'ai trouvé
des endroits d'où j'aurois tiré des conséquences toutes autres que les siennes ;
mais j'ai vu , en y réfléchissant , qu'il
n'y avoit pas lieu de l'en blâmer ; parce
que ces conséquences, un peu amenées ;
ne tenoient point aux objets principaux ;
parce que sans être ce qu'on pouvoit
conclure de mieux de ses positions , il
suffisoit qu'on pût à toute force en conclure ce qu'il en concluoit, pour qu'on
dût le lui passer , lorsque cela contri-
buoit à l'ensemble de son discours , &
alloit à completter le corps de ses preuves.

Je mets souvent Bossuet en avant, je
me retranche derriere lui ; parce que si
Bossuet est quelque chose par son discours , il faut que mon discours soit
aussi quelque chose , & que si mon discours n'est rien, il faut qu'on ait eu tort
d'estimer jusqu'à présent celui de Bossuet.
Mon ordre, mes divisions, mes déve-
loppemens , sans être semblables , ne sont
pas inférieurs aux siens , & mon sujet et



peut-être

peut-être encore plus vaste. Et si l'on veut regarder aux differtations dont l'un & l'autre difcours eft entrecoupé, on trouvera peut-être que les miennes valent bien celles de Boffuet fur l'Affué-rus-Ciaxare, & fur la maniere de calculer les feptantes femaines.

Vous avez trouvé, Monfieur, mon difcours trop long pour un difcours, & vous euffiez mieux aimé le voir annoncer en forme de traité. Cela n'opéreroit pour le fonds qu'un changement de mots, & n'eût fait que m'impofer dans la forme un ton froid que la matiere ne comportoit pas. Je vous obferve qu'il y a deux fortes de difcours, les uns faits pour être entendus, les autres faits pour être lus. Ceux qui font faits pour être prononcés, doivent contenir ce qu'un homme fort peut réciter de fuite, fans aucune gêne & de bonne grâce ; & encore peut-on porter ces fortes de dif-cours à plufieurs féances, quand la matiere l'exige. Nombre de ceux qu'a pro-

noncés

noncés Démosthenes devant les Athéniens, paroissent avoir tenu plus d'une
audience. Quant à ceux qui sont faits
pour être lus, ils se mesurent sur la
force de l'attention qu'un lecteur peut
apporter, pour en saisir l'ensemble, sans
cesser d'en suivre les détails, non sur
celle d'un étourdi, d'un homme léger &
inhabile à amasser & à retenir plusieurs
idées, mais sur celle d'un homme qui a
l'esprit ferme, exercé & laborieux. Ici
l'orateur & le lecteur doivent faire preuve
de force pour soutenir, l'un son haleine,
l'autre son attention. Aussi avec plus
d'effort arrive-t-on à un effet plus grand
& plus profond que dans les discours
prononcés. Celui qui a parlé a obtenu
le plus estimable des avantages, celui
d'avoir communiqué avec les hommes
les plus capables dans la plus honorable
disposition, certain d'avoir arraché leur
estime, de s'être fixé dans leur souvenir. Celui qui a lu s'est élevé l'ame, a
étendu les ressorts de son esprit, & re-

vien

vient toujours avec plaisir sur un travail
qui l'a honoré à ses propres yeux ; plein
de reconnoissance pour celui qui l'en a
cru capable. Nous avons dans notre
langue trois discours de cette espece ;
celui de Bossuet sur l'histoire, celui de
Diderot & de Dalembert sur l'Encyclopédie, & celui que j'ai fait sur nos
usages.

Qui eût osé prescrire la mesure qu'on
doit donner à un poëme épique, & dire
jusqu'à quel point le retour des mêmes
idées exprimées différemment, mais ten-
dantes toutes à glorifier un peuple, peuvent être supportées ? Qui est-ce qui
n'eût pas pu prétendre en trouver toujours trop ou trop peu dans les poëmes
qu'on lui eût offert, si Homere dans
l'Iliade & dans l'Odissée, & Virgile
dans l'Enéïde, ne nous eussent pas prouvé
que cela doit aller presque jusqu'à satiété ?
Rapportez-vous-en donc un peu aux
auteurs sur la mesure des discours ; ils
sont vicieux quand ils manquent d'en-

femble & d'objet , & longs lorfqu'ils
ennuyent. Je ne vous réponds pas à la
demande que vous me faites, pourquoi
je n'ai pas divifé mon difcours en chapitres ; parce que lorfqu'un architecte
offre à l'attention un temple , il n'y a
point de raifon de lui demander pourquoi ce n'eft pas plutôt une maifon.

Vous me dites que vous avez lu le
commencement de mon difcours avec
beaucoup d'intérêt, que cet intérêt s'eft
rallenti environ au quart, mais qu'après
il s'eft augmenté, a été toujours en croiffant, & vous a mené enfuite avec rapi-
dité jufqu'à la fin. Lorfque je l'ai lu, après
l'avoir fini, il m'a fait le même effet. Je
me le fuis fait lire tout entier à haute
voix par une perfonne qui me l'a récité ,
fans le faire valoir : j'ai encore éprouvé
ce rallentiffement d'intérêt à cette hauteur.
Je me fuis mis alors à le revoir, à chercher fi je ne pourrois pas donner plus
de chaleur à cette partie, y retrancher,
ou y ajouter quelque chofe , ou replacer
ailleurs

ailleurs ce qui y étoit. J'ai trouvé que ce que j'y avois dit étoit nécessaire à dire, & devoit être à cette place, & que je ne pouvois pas, sans manquer à ma disposition générale, mettre à cet endroit un degré de chaleur plus considérable. Et cet examen m'a conduit à voir que tel étoit l'effet de tous les ouvrages de longue haleine, qui en commençant obtiennent une grande attention, & qui, sans la laisser rallentir, annoncent qu'on en aura encore besoin pour un certain espace de temps. Environ vers le quart, l'application se détend un peu ; mais elle revient avec plus de force, lorsque l'on voit qu'on en est dédommagé par de l'instruction & par du plaisir ; & l'on finit par regretter de n'en avoir pas davantage à donner. L'Iliade fait cet effet à cette même distance ; le discours de Bossuet de même, & presque toutes les tragédies environ au second acte. C'est ainsi qu'est la marche de la nature, & ce retour ordinaire de l'esprit vers l'in-

discipline ,

diſcipline n'eſt dans mon diſcours ni la faute du lecteur, ni la mienne.

Si je n'ai pas dit tout juſte ce que l'on pratiquoit pour le moment dans les choſes de la guerre, c'eſt que pour faire une deſcription éternelle, j'ai dû chercher l'époque où notre diſcipline militaire a été la plus analogue à notre eſprit national, & je n'ai eu beſoin pour cela que de me reculer de dix ans. Je ne dois point blâmer des loix & des réglemens promulgués avec les ſolennités faites pour les faire reſpecter; je ne puis que m'en rapporter à cet égard à notre réformatrice éternelle, à la déſuétude. Les loix militaires chez un peuple guerrier ſont une ſorte de religion civile à laquelle il ne faut point toucher. L'antiquité de ces loix, leur notoriété les rend ſacrées; & cette notoriété ſi néceſſaire, elles ne peuvent plus l'acquérir, lorſqu'elles varient. Je ne crois pas, enfin, qu'il ſoit fait pour être renverſé légérement, l'ordre ſous lequel nous avons fait tant de campagnes célebres, gagné

tant

tant de batailles mémorables. J'ajoute qu'on doit infiniment se défier de tout ce que propose aujourd'hui M. le comte de Guibert sur l'ordre de nos armées. J'admire les talens de cet auteur, j'honore son patriotisme ; mais je trouve que toutes ses idées tiennent trop à l'exaltation d'esprit, à l'enthousiasme. L'enthousiasme est bon pour faire la guerre & non pour la disposer. Chaque genre d'intelligence a son genre de génie. Le génie des institutions n'est point l'enthousiasme, mais la combinaison, une combinaison vaste & sublime, mais froide & sûre, & d'autant plus tranquille, qu'elle est plus élevée. M. le comte de Guibert n'en est pas là.

Vous voudriez que je me relâche un peu de mes principes sur le prêt à intérêt. Je ne puis, Monsieur, rien en rabattre ; il faut qu'ils restent dans leur entier. Mon discours est le seul endroit que je sache, où ces principes soient complets, & où leur liaison avec la politique soit développée. Ce sont des regles
éternelles,

éternelles, qui seront, je le sais bien, éternellement violées chez les nations commerçantes ; mais il n'importe pas moins de les faire connoître, parce qu'en montrant à quoi elles tiennent, on porte au moins à éviter les trop grands abus ; & que si l'on n'a pas le mérite de suivre les principes les plus purs, on n'est pas à ce point d'aveuglement d'ériger en regle des principes faux, dictés par le seul intérêt personnel. D'ailleurs, je suis convenu que le prêt à intérêt est légitime, lorsqu'il porte sur un commerce avantageux avec l'étranger.

J'aurai peut-être un peu plus de peine à me justifier devant vous d'avoir loué l'établissement de l'Académie Françoise, qui, dès son commencement, a été voué à l'intrigue, & qui est absolument dégénéré en cabale. Je sais, comme vous, qu'il n'y a que le public & la postérité qui donnent les brevets de grand homme ; qu'un académicien qui n'est qu'académicien, n'est pas même immortel de son



vivant

vivant ; que nos grands génies n'ont tiré aucun luſtre de leur aggrégation à cette compagnie, & que les premiers mérites de notre temps en ſont exclus. Mais dans un ouvrage apologétique, j'ai regardé à l'inſtitution, & non à l'abus qu'on en fait. Après tout, un léger changement peut nous mettre d'accord. Reprenez donc, je vous prie, mon diſcours ; & dans cette phraſe, *l'Académie Françoiſe*, &c. mettez en place du mot *eſt*, les mots *devroit être*, & toute difficulté à cet égard ſera applanie.

Je n'ai point parlé des Lycées, des Muſées, parce que ces inſtitutions ſont éphémeres, ſans caractere, & encore plus vaines que les Académies. Un ſi grand nombre d'aſſemblées publiques ne ſauroient ſe maintenir. Il eſt trop contraire aux mœurs nationales. On commence à s'appercevoir qu'il diminue trop les ſociétés particulieres, & déplace trop les femmes. Dans dix ans il ne ſera peut-être plus queſtion de tout cela. Et qu'au-

rois-je,

rois-je avancé à informer la postérité, qu'en 1786 il s'étoit trouvé à Paris quatre ou cinq cens dupes réunis pour donner de la célébrité à un Secrétaire & à un Président ?

De même je n'ai point dit que dans la destruction des maisons religieuses, dont le Gouvernement a voulu réduire le nombre, on n'avoit attaqué que des ordres décens & fideles au Roi, qui répandoient l'abondance dans des Provinces éloignées du commerce ; tandis qu'on épargnoit ces ordres de petits moines qui se sont si fort signalés à la procession de la ligue. Je n'ai point dit que, tandis qu'on réduisoit en apparence les religieux utiles, on portoit à plus de six mille l'établissement tout récent des sœurs grises ; que, sous prétexte de donner un ou deux bouillons par an aux pauvres, on écrâsoit les paroisses par des institutions de main-morte, d'une dépense habituelle ; qu'on donnoit à ces religieu-ses une influence sur la populace des

grandes

grandes villes , contraire à toute bonne police. Je n'ai point dit qu'au lieu de laisser dans les paroisses la ressource des écoles à des peres de famille mal - aisés , qui supportent les charges publiques , on plantoit par-tout des colonies de Freres Ignorantins , célibataires sans motifs , qui , sous prétexte d'une lueur d'utilité, alloient former un des établissemens les plus étendus & les plus à charge à la chose publique. Je n'ai point dit qu'on avoit tourné au détriment..... Je n'ai point dit.... Je n'ai point dit toutes ces choses , parce que ce sont des torts du moment , que le gouvernement réparera , dès qu'il y portera une attention plus suivie ; & que mon dessein a été de relever nos mérites & non point nos fautes, de faire une apologie de notre existence générale , qui est belle & imposante , & non une satyre de nos torts particuliers , qui sont réparables & peu évidens.

J'ai dit , il est vrai, que je regarderois mon discours comme parfait, si je me rencontrois

controis toujours dans la suite de mes idées avec mon lecteur ; & vous croyez que je me fais tort en me mettant à cette mesure, parce que je suis souvent contredit par mon lecteur, quoique toujours estimé? Je ne ferai point, Monsieur, le sacrifice de cet endroit; parce qu'il est simple que j'ai voulu dire par-là que je desirois me rencontrer avec les lecteurs de bon sens, avec ceux qui recherchent la vérité de bonne foi, & non avec ceux qui ne cherchent dans ce qu'ils lisent que des raisonnemens propres à justifier leur esprit de parti, & les erreurs dans lesquelles ils abondent. J'ai au contraire averti ces sortes de lecteurs que je les mécontenterois ; mais je m'attends, il est vrai, à en être estimé, parce que je ne les blesse point pour les blesser ; parce que je ne les combats qu'avec l'évidence, sans sarcasme & sans passion ; & qu'il ne tient en effet qu'à eux que nous soyons parfaitement d'accord.

Ésope nous a laissé la fable d'une homme

entre

entre deux âges, qui, pour s'être laiffé
élaguer la chevelure par fes deux femmes,
avoit fini par fe trouver tout-à-fait chauve.
Tel feroit, Monfieur, le fort de mon
difcours, fi j'écoutois tous ceux qui ne
me demandent qu'un léger retranche-
ment, pour qu'il ait complettement leur
fuffrage. On y trouve de bonnes chofes;
mais on ne peut pas y paffer cela ou cela.
Et ce point-là eft juftement celui qui choque la prétention ou le fyftême qu'on s'eft
fait; & ce point-là varie autant qu'il y
a de fortes de prétentions: de façon que,
fi je voulois contenter les diverfes fan-
taifies, peu - à - peu j'effacerois tout. Je
fais, Monfieur, tout le contraire; &, en
voyant qu'excepté dans le point de fa
fantaifie, chacun y approuve tout, je
conclus que c'eft moi qui ai raifon, moi
qui n'ai d'autre fyftême, ni d'autres fan-
taifies que l'amour de la chofe publique.
Et quand j'aurois porté à faux une
ou deux fois dans le cours d'un ouvrage auffi long; depuis quand eft-on
devenu

dévenu si difficile, qu'on refusât pour cela de m'accueillir ? Autrefois vingt bonnes pages suffisoient pour qu'un ouvrage trouvât grace devant le public ; aujourd'hui deux mauvaises phrases dans un bon ouvrage causent sa chûte ? La description de l'homme, du cheval, de l'âne, & du chien, a fait la fortune de la tant volumineuse Histoire Naturelle : quelques lignes qui auront choqué les idées aventurées du temps, feront rebuter un ouvrage bien conçu ? Il semble que, loin d'être favorable au mérite, on attende au contraire qu'il bronche, pour lui tout refuser. On saisit une foiblesse, pour vîte se récrier : « Dieu merci, voici qui ne vaut rien ! Et l'on est tout satisfait d'avoir trouvé un prétexte de rejeter un ouvrage qui aura vingt autres beaux côtés. Est-ce donc que le siecle seroit plus près regardant, à mesure qu'il se trouveroit plus dépourvu de moyens ?

Un poltron révolté finit par avoir du courage ; un homme modeste trop déprisé

finit

finit par montrer de l'orgueil. Je n'ai point recherché la gloire, cela est certain; mais je n'ai pas non plus visé à être le plastron des impertinences de ceux qui, comme on dit, font une guerre d'amour-propre avec tout ce qui veut dépasser la ligne commune; & je ne négligerai rien pour montrer, lorsque je le pourrai, que ceux qui veulent me déprimer & m'impliquer, sont eux-mêmes très-déraisonnables & très-mal avisés. Vous me direz, mais ce n'étoit donc qu'une fausse modestie que la vôtre? Point du tout : c'étoit celle d'un homme simple & honnête, qui sait qu'il a une sorte de mérite, & qui, quoiqu'il ne veuille point s'en prévaloir, attend de la justice des autres qu'ils le lui accordent & qu'ils lui en sachent quelque gré. Pousser la modestie plus loin, peut être très-beau ; mais n'est assurément pas dans la nature. Je ne dirai point que cette excessive modestie est fourberie ou pusillanimité ; je dirai qu'elle ne me va point ;

que,

que, quand je voudrois l'affecter, elle ne seroit point ensemble avec ma maniere d'être ;
& que si je l'avois eue, je n'aurois point
fait le discours sur les usages des François.

Mon discours, Monsieur, contient
tous les principes sociaux, ceux des monarchies, par application aux usages de la
France, & ceux de toutes les autres sortes de Gouvernement, par approximation
ou par opposition. Non-seulement il sera
utile au Gouvernement François qui y retrouvera toujours ses points de ralliement ;
mais il n'y a point de république qui ne
trouve à y profiter ; il n'y a point d'homme
d'état à qui il ne fournisse matiere à ré-
fléchir, indépendamment des maximes
saines d'économie & de vie privée, qui y
sont par-tout répandues, & qui sont utiles
aux personnes de toutes les conditions &
de tous les pays.

On offre depuis long-temps au public des
livres absolument vuides, qui ne signifient
rien autre chose, sinon que Monsieur un tel,
qui veut faire un personnage, s'est fait impri-



mer,

mer, pour qu'on dife Monfieur un tel a fait
un livre. A coup fûr fi je n'avois eu que
cela à faire, je me ferois tu. Mais avant
de paroître devant le public, j'ai examiné
fi ce que j'avois à lui dire étoit digne de
fon attention ; j'ai effayé mes forces ; j'ai
fait les provifions néceffaires pour me
préfenter à lui dignement ; je m'y fuis
long-temps préparé ; j'ai attendu que la
fougue de la jeuneffe fût paffée ; & je ne
me fuis hâté, que quand j'ai fenti ma force
à fon plus haut degré, ne voulant pas
attendre, non plus que l'âge, ou la trop longue épreuve des adverfités, euffent abattu
mon courage. Auffi je me flatte qu'on
m'accordera que je n'écris point pour
écrire, mais pour être utile & pour faire
penfer. Ma phrafe, bien ou mal, dit toujours quelque chofe. Je n'acofte point le
lecteur pour le diftraire de fa route,
mais pour m'en occuper avec lui ; je
l'en laiffe le juge, fans le féduire, ni le
preffer ; & il faut abfolument qu'il forte
plus fort d'avec moi, foit que je l'aie pour

ou contre moi ; car, dans l'un & dans l'autre cas, je lui ai fait exercer fa raifon.

Vos dernieres & plus fortes obferva-tions portent fur les Affemblées Pro-vinciales, fur les Comptes Rendus, & fur le commerce des objets d'agricul-ture ; toutes chofes qui plaifent, dites-vous, & que vous prétendez que je blâme mal-à-propos.

J'ai donné de l'étendue aux raifons que j'avois de blâmer les Affemblées Pro-vinciales, dans une lettre que j'ai fait imprimer, avant que la loi qui les a éta-blies fût émanée. La publication de cette lettre a été arrêtée fur le champ ; le Gou-vernement avoit fes raifons pour paffer outre ; le peuple a eu auffi les fiennes pour accepter en quelques lieux ces établiffe-mens. Ainfi, je n'ai plus rien à dire, quant au fait ; & c'eft une caufe que j'ai com-plettement perdue à cet égard. Mais, quant au droit, je foutiendrai toujours que cette inftitution eft inconftitutionnelle ; que l'on doit confulter & faire ce qui

convient

convient au peuple dans une monarchie réglée , mais non compoſer le peuple en Aſſemblées régulieres & habituelles; que les monarchies ſont inſtituées pour diſpenſer le peuple des ſoins du Gouvernement, & non pour les lui réimpoſer ; que lui donner de pareils ſoins, peut le mener plus loin qu'il ne veut, & qu'il ne convient à ſa tranquillité. Je dis cela, non pas afin que l'on adopte mon avis, & que l'on renonce à cet établiſſement; mais parce que j'ai écrit ſur le droit public, & que j'ai à cœur de dire ce que je crois vrai. Cela ne m'empêche point de convenir qu'il y a des momens où il vaut mieux endurer un certain genre d'abus, qu'un certain autre; cela ne m'empêche point de convenir que dans ce moment les Aſſemblées provinciales peuvent faire quelque bien, en remettant de la proportion dans l'impôt ſur les terres. Mais, ce moment paſſé, je crois que cet établiſſement ne peut plus que gêner le peuple; qu'il y renoncera lui-même, &

que

que la mémoire n'en restera que pour
avertir le Gouvernement de ne choisir
désormais que des bons Intendans, faits
pour savoir respecter les droits du peuple,
autant que pour faire respecter l'autorité
qui leur est confiée. Que si ces Assemblées devoient subsister, on leur trouveroit
bien d'autres vices relatifs, qu'il faudroit
y réformer ; par exemple, elles ont trois
degrés d'hiérarchie, un de paroisse, un
de district, un de province ; & il est évident que deux degrés suffisent ; savoir,
les Assemblées Paroissiales, pour asseoir
l'impôt, & l'Assemblée Provinciale pour
correspondre avec les Assemblées loca-
les ; l'Assemblée intermédiaire ou de district ne faisant que compliquer & embrouiller cette machine, sans utilité. Enfin,
ces Assemblées ont l'inconvénient de rétablir l'ancienne division du Royaume de nos
temps gothiques, en clergé, en noblesse, &
en tiers-état ; division absurde que nous
avions tant gagné à avoir abolie. Il est
évident que le clergé n'y a pas plus de

droit

droit que les autres magiſtrats ; que l'in-
troduction excluſive du clergé au premier
rang qui a eu lieu ſous Pepin-le-Bref, a
été abuſive, ſubreptice, & relative aux
circonſtances qui donnoient de l'importance à cet ordre ; circonſtances qui, n'exiſ-
tant plus, doivent faire ceſſer les effets
qu'elles ont produits. En mettant aujourd'hui le clergé au niveau de nos
autres gens en place, ce ne ſeroit aſſu-
rément pas lui faire tort. Ne ſeroit-ce
pas au contraire conſolider ſes avantages, & le garantir du danger dont il eſt
menacé de les perdre bientôt tous ? Enfin,
poſer une ligne de démarcation dure &
habituelle entre la nobleſſe & le tiers-
état propriétaire, c'eſt favoriſer la peti-
teſſe d'eſprit, propager des préjugés barbares, iſoler les citoyens tout en les
raſſemblant, & chercher à ôter au peuple le plus communicatif cette grace &
cette égalité, qui lui inſpirent tant de patriotiſme, & qui lui donnent tant de prée-
minence ſur les peuples étrangers. D'ailleurs,

leurs , dans la compofition de nos anciens états, chaque ordre avoit fon préfident & fes députés , qui étoient tous préfentés au Roi en cérémonie ; & le tiers-état, comme plus nombreux , avoit plus de députés. Sa condition aujourd'hui ne peut pas être moindre qu'alors. Il faut ou qu'il préfide à fon tour l'affemblée générale, ou qu'il ait fon préfident indépendant. Mais tout cela n'eft qu'une befogne ébauchée , dont l'expérience fera connoître encore mieux les imperfections. La loi qui l'a créée annonce qu'on la rectifiera. Quant à moi, je confens, en faveur des circonftances, à me départir de ce que j'ai avancé dans mon difcours de trop abfolu à cet égard. Ce n'eft pas que le principe ne foit abfolu en lui-même ; mais je conviens que le bon efprit de la nation peut y mettre, dans la pratique, des adouciffemens qu'on ne peut pas calculer, & qui peuvent les garantir de l'anarchie où cette inftitution mene directement.

Je crois, Monsieur, les Comptes Rendus à la nation, tels que celui de 1781, bien plus inconstitutionnels, bien plus insolites encore que les Assemblées. Quand les Notables de 1787 & les Parlemens ont porté des paroles à cet égard, toute la nation a su que c'étoit à un ministre imprudent qu'ils demandoient des comptes, & non point au Monarque. C'étoit comme conseil qu'ils en demandoient, & pour aider le Gouvernement à débrouiller un cahos qui sembloit devenir tous les jours plus obscur, & que la tranquillité a enfin éclairci. Ce fait est particulier aux temps & aux personnes ; mais jamais, depuis que la monarchie existe, nos Rois n'ont dit qu'en gros à la nation l'usage qu'ils vouloient faire, ou qu'ils avoient fait des subsides qui leur ont été accordés ; jamais la nation n'en a demandé davantage. Aujourd'hui le Roi a la condescendance d'en promettre ; c'est de la part du Monarque un trait de franchise auquel la nation ne

peut

peut dignement répondre que par un redoublement de confiance, & par un refus abfolu de les voir. Il eft grand au Roi de les offrir ; il fera grand à la nation de les refufer. Plus Louis XVI agit en cela en citoyen, plus un peuple libre & généreux doit le traiter en Roi. Ne doutons point que, fi le peuple François étoit raffemblé, il n'en faisît la propofition avec une acclamation unanime ; mais puifqu'il eft difperfé, & qu'il faut un laps de temps pour former fon opinion, donnons-lui un ou deux ans pour fe rallier à cet égard, & ne doutons point que nous ne le trouvions alors rangé tout entier au parti qui convient à fa magnanimité.

Enfin, l'afcendant qu'on veut donner à l'agriculture fur toutes les parties de la chofe publique, eft l'effet d'un fyftême particulier à cette fecte de philofophes connus aujourd'hui fous le nom d'économiftes ; & je crois que ce fyftême, à le prendre exclufivement, comme ils le

E    prétendent

prétendent, nous feroit très-préjudiciable.
Nous ne devons avoir d'agriculture que
ce qu'il en faut pour nous, & nous devons avoir des manufactures & de l'induftrie pour nous & pour les autres
peuples. La feule production de l'agriculture que nous pouvons faire entrer
utilement dans notre commerce avec
l'étranger, c'eft nos vins; & encore
faut-il que ce foit nos vins exquis,
ceux dont le prix eft marchand, auxquels les étrangers ajoutent une valeur
qui paffe le prix ordinaire des productions
de la terre. Quant aux fruits cómmuns,
& qu'on trouve prefque par-tout, comme
le bled, le maïs & toutes les fortes de
grains, ayons foin, encore une fois, d'en
cultiver pour nous ; mais ne foyons point
fi jaloux d'en fournir l'étranger. Laiffons
fans regret cet avantage à la Sicile, à
la Pologne, à la Barbarie ; & fouvenons-
nous que l'Angleterre ne demanderoit
qu'à nous voir travailler pour la nourrir,
tandis qu'elle travailleroit à rafiner fes

objets

objets d'industrie, & à en fournir l'univers. Quand nous nous occuperons trop de l'agriculture, les autres nations nous primeront bientôt dans le commerce, & plusieurs nous égaleront dans l'agriculture ; quand nous nous occuperons du commerce, la culture des terres haussant par-là même, nous primerons à coup sûr les autres nations, & dans les arts, & dans le commerce, & dans l'agriculture.

Je persiste à soutenir que l'opinion publique à laquelle nos Princes doivent avoir égard, n'est point la fougue du moment, ni ce bruit glapissant que forment des partis empressés à amener l'autorité à leurs vues. De tous les objets sur lesquels on a paru s'échauffer dans ce moment orageux, il n'y a eu que la résistance aux impôts nouveaux qui ait réuni toutes les opinions. Aussi les Parlemens ont-ils été obligés de redoubler leurs protestations à cet égard. Ces compagnies qui sont toutes royales, quoique à la tête du peuple, & qui, dans tous

les

les temps , ont été le plus ferme appui des droits du Roi, n'ont peut-être jamais défendu plus efficacement l'autorité du Monarque, ne l'ont jamais mieux conservée que dans ce moment si preffant, où ils lui ont oppofé plus de remontrances. Jamais dans l'hiftoire des conteftations civiles , on n'a vu une réfiftance plus fage, une plus noble obéiffance; jamais la voix publique, grace à cet heureux organe, n'a eu plus de force avec plus de circonfpection, n'a fu s'élever & s'abaiffer plus à-propos, & plus dignement. Cette crife a encore eu cela d'heureux , qu'elle nous a montré l'excellente difpofition d'un Monarque capable de fe défifter en faveur de l'opinion publique bien avérée , des projets qui l'avoient le plus féduit : exemple qu'avoit déjà donné le Roi Henri, lorfque venant à Paris faire enregiftrer de force une loi qu'il avoit à cœur, & voyant que le peuple ne le faluoit point par l'acclamation ordinaire de *vive le Roi*, revint fur fes pas

à

à la porte du Palais, en se récriant qu'il renonçoit à son dessein, & qu'il aimoit mieux l'amitié de son peuple, que l'enregistrement de sa loi.

L'opinion, l'opinion, l'opinion publique, il faut savoir la respecter; voilà ce qu'on entend dire, de tous côtés, à des gens qui la blessent; mais j'ai crié avant tous, & plus haut que personne, l'opinion, l'opinion publique ! J'ai dit & j'ai prouvé qu'elle devoit être la base d'une Monarchie réglée; que l'opinion publique étoit, par excellence, les comices d'une nation libre, qui vivoit sous un Gouvernement royal; qu'il faut sans cesse que le Ministere la consulte; que sans cesse il en suive les mouvemens, sous peine de périr : mais l'opinion publique n'est point l'impulsion factice des partis, ni l'effervescence du moment; il faut plus ou moins de temps, pour qu'une nation, aussi nombreuse que la nôtre, fixe son opinion. Un instant lui suffit pour connoître ce qu'elle peut contribuer

de

de subsides à la chose publique, parce que c'est une affaire de calcul ; mais pour un objet plus compliqué d'ordre ou de droit public, il lui faut plusieurs années ; pour un objet d'art & de littérature, qui est moins instant, il lui faut presque un demi – siecle. Nous ne faisons que commencer à juger Voltaire ; les préventions, pour & contre ce poëte ne commencent qu'à peine à s'abattre.

Une preuve que la fureur de se mêler activement de l'administration du Royaume, n'est point l'opinion publique & le sentiment national ; c'est que l'on s'y livre avec une brutalité, & une lourdeur qui ne permet plus de voir rien autre, & qui n'est point dans notre caractere libre & dégagé. Ni le commerce, ni les arts, ni les lettres, ni même la guerre ne seront bientôt plus capables d'occuper nos politiques. Mallebranche demandoit, après avoir entendu une piece de Corneille, qu'est-ce que cela prouve? Nos publicistes se récrient à propos de tout,

quelle

quelle autorité cela nous donne-t-il ? Et ils se détournent de tout ce qui n'entre pas dans leurs vues. Il leur importe peu qu'on raisonne ou qu'on parle bien ou mal, pourvu qu'on les approuve. Que deviendrons-nous, bon Dieu ! si cette enfarinure venoit à faire des progrès ? On parloit politique dans la Grece, mais on y parloit sur-tout raison. On s'y occupoit des arts, du bon goût ; on vouloit que tout y prît des formes heureuses & polies. Cet esprit des anciens Grecs est le véritable esprit des François. Revenons-y promptement ; ne nous appesantissons sur rien, portons nos regards sur tout, accueillons tous les genres de mérite, & ne négligeons aucune des choses qui peut tendre à nous fortifier, à nous maintenir, ou à nous illustrer.

Si l'on ne s'étoit pas si fort occupé d'administration, on auroit vu les torts réels qu'on nous a faits depuis dix ans dans le commerce, & les avantages qu'on a laissé prendre sur nous aux autres peuples.

ples. Nous donnons le ton à l'Europe, pour les meubles & pour les habillemens ; comment ceux qui donnent le ton chez nous, ont-ils si fort accrédité les étoffes de l'Inde & de la Chine, qu'ils semblent avoir pris à tâche, dans ces dernieres années, de vuider tous les magasins de l'Asie ; tandis que nos manufactures ont été découragées, que la plus florissante de toutes, celle qui avoit surpassé le Levant par la richesse & la beauté de ses tissus, est dispersée & anéantie, faute d'occupation. Voilà ce qu'il falloit que nos politiques fissent réformer ; & cela eût mieux valu, sans doute, que d'établir tant de systêmes vagues qui n'ont produit que des divisions.

J'ai eu raison, certes, d'avancer que la monarchie Françoise pouvoit être éternelle, si, lorsqu'elle sera arrivée au point de perfection où elle est faite pour atteindre, elle peut résister à l'esprit de renversement qu'on veut lui inspirer. Mais il est certain que, si, au lieu de repousser

la

la barbarie, nous la laiſſons ſe raffermir &
ſe perpétuer ; que, ſi le peuple, loin d'accueillir ceux qui peuvent l'éclairer & le
fortifier, vient à les mépriſer & à les rejetter ; que, ſi le Gouvernement, au lieu
de faciliter le progrès des lumieres, s'ef-
force par une politique auſſi vile qu'in-
conſidérée à les pourſuivre & à les étouf-
fer, il eſt vrai qu'alors l'état ſeroit, à
n'en plus douter, ſur le penchant de ſa
ruine. Et cette ruine ſeroit d'autant plus
déplorable, d'autant plus abſolue, qu'elle
lui arriveroit après avoir connu le bien,
& fait de vaines tentatives pour y parvenir. Mais hâtons-nous d'écarter des
idées que nous aimons à nous repréſenter
ſans fondement, & ne ſongeons qu'à
concourir chacun ſelon nos moyens, à
achever, à maintenir, & à conſolider
l'édifice de notre proſpérité.

Nicolas Pouſſin, l'un de nos plus célebres Peintres, a très-ingénieuſement re-
préſenté dans un des plafonds du Louvre,
le génie du temps, qui découvre la vérité,

 &

& qui la fait triompher aux yeux des hommes. Cette allégorie est juste & belle ; mais une autre allégorie qui représenteroit le temps qui enleve, & qui cache la vérité, seroit également juste, quoique triste & déplorable. Car le temps, dans sa révolution, couvre & découvre tour-à-tour la vérité, la montre & la cache aux humains. Nous jouissons aujourd'hui de sa vue ; mais les mouvemens qui agitent les esprits vont-ils nous en conserver le spectacle, ou le voiler encore pour long-temps ? C'est ce que le cours des choses apprendra à nos neveux. Je ne puis rien prévoir à cet égard. J'ai développé le mieux qu'il m'a été possible à mes concitoyens les vrais principes de leur bonheur ; c'est à eux à vouloir le conserver.

Les poëtes nous ont transmis l'Histoire du Phénix, cet oiseau par excellence, qu'ils se sont appliqués à vanter & à célébrer. Il est, nous ont-ils dit, unique sur la terre ; il est souverainement beau ; il est immortel. Quoiqu'il éprouve après

plusieurs

plusieurs siecles l'apparence de la vieil-
lesse , & qu'il semble lui-même se con-
sumer, il ne meurt point. Transformé
en reptile pendant quelques instans , il
se cache sous cette humble forme , pour
exister dans les cendres qui le couvrent;
mais il en sort bientôt pour reparoître
dans tout son éclat, & pour reprendre
vers les cieux son vol éternel. C'est la
sagesse que les poëtes ont voulu désigner
sous l'emblême de cet oiseau fameux;
c'est la sagesse, fille de la vérité, guide
assuré des empires & des familles; c'est
elle qui est le Phénix dont ils ont ainsi
célébré les merveilles. Là sagesse est unique, elle est belle, elle est immortelle;
elle semble quelquefois dépérir parmi les
hommes; la folie & l'erreur paroissent
quelquefois prévaloir sur ses antiques préceptes ; mais elle ne meurt point : elle
rampe alors, elle se concentre pour exister, pour se faire passage à travers les
crimes & la corruption : elle est cachée ;
mais elle est toujours vivante dans des

cœurs

cœurs privilégiés , qui , malgré la dépravation générale , savent la connoître, la chérir & la garder , & qui lui font de nouveau reprendre son empire sur les peuples, que les infortunes où ils se plongent en la fuyant , détrompent enfin de leurs erreurs.

Quant à moi , doublement atteint par les malheurs de l'état , & comme serviteur & comme citoyen , circonscrit par les gens de tous les partis qui veulent ôter leur effet aux vérités que j'ai pu dire , déprisé bien adroitement , sans éclat , avec conduite , par tous les amateurs de célébrité , allarmés de l'apparition d'un nouveau concurrent ; tourné en ridicule par de grands personnages dans de petites nouvelles ; entouré d'ennemis adroits qui se croient sûrs de me faire tomber , pourvu qu'on ne fasse pas de bruit ; inconnu de ceux dont je sers la droiture , & en butte à ceux que mon impartialité indispose ; isolé , rabaissé , réduit , je suis préparé à tout souffrir , & je persisterai à tout observer.

ſerver. Content de me tenir aſſis aux portes du palais ; comme le fidele Mardochée,
j'y verrai monter de perfides Amans , je
les en verrai quelquefois deſcendre ; ce
ſera là mon triomphe ; & je me trou-
verai toûjours aſſez fortuné , ſi je puis
laiſſer aux miens l'exemple d'un attachement invariable à ma patrie & à mon
Roi, & l'eſtime des honnêtes gens.

Il eſt vrai que l'eſtime des gens de
bien eſt trop ſouvent froide & vague ;
tandis que la malice eſt active, ardente,
préciſe ; il eſt vrai encore que tous les
grands ouvrages qui ſe ſont ſoutenus,
ont été portés par des partis. Le Port-
Royal a lancé les Lettres Provinciales ;
le Clergé , l'Hiſtoire Univerſelle ; les gens
de robe , l'Eſprit des Loix ; les Acadé-
miciens , l'Encyclopédie ; Voltaire lui-
même , malgré tous ſes ſuccès , étoit
obligé de s'entretenir un parti ; il avoit
des ſociétés à Paris, & dans preſque toutes
les grandes villes , qui ne prêchoient que
lui. Rouſſeau , qui n'avoit point de parti,

s'eſt

s'eſt vu mille fois au moment d'être honni,
inſulté, écrâſé. Que de peines il lui a fallu
prendre pour obtenir grace de ſon mérite ! Ne l'a-t-on pas vu obligé de recourir à mille originalités, de s'habiller
en Arménien pour ſe mettre ſous la ſauve-
garde de l'attention publique ? Avec moins
de moyens que lui, je ſuis cependant bien
décidé à ne rechercher d'autre parti que
celui de la raiſon, que le parti des honnêtes gens de tous les partis ; & je ne
déſeſpere pas de prouver, par un plein
ſuccès, qu'il eſt devenu chez nous le plus
nombreux, le plus ſûr, & le plus puiſ-
ſant.

Peut-être que, ſurpris de m'entendre
ſi ſouvent me récrier ſur les triſtes effets
de l'eſprit de parti, me demanderez-vous
ce que j'entends par un parti, & où je
trouve qu'il y ait des partis ? Un parti,
Monſieur, eſt une aſſociation d'hommes
intrigans, qui ont un prétexte quelconque
de défendre un même ſentiment, qui ont
un pact ſecret de s'étayer réciproquement,

ment , non-seulement pour faire valoir
ce sentiment , mais encore pour se faire valoir les uns les autres ; de sorte qu'en ser-
vant leur parti , ils suivent encore plus
leur intérêt , que leur persuasion & la
vérité. Les Jésuites avoient un parti ;
les Ultramontains leur ont succédé ; les
Économistes ont un parti ; la tourbe philosophesque forme un parti ; d'anciens
ministres ont quelquefois des partis pour
forcer le Gouvernement à les reprendre ;
les Agioteurs font un parti ; les Eaux de
Passy sont venues à bout de former un
parti. Avec un parti l'on va , & il faut
aujourd'hui tenir à un parti pour faire
quelque chose. Malheureusement pour tous
ces partis , lorsque la raison qui est de
tous les temps & de tous les lieux , mais
qui est trop souvent dispersée , & peu en
garde ; lorsque la raison , dis-je , s'apperçoit qu'elle est trop long-temps jouée
par ces partis , elle fait à la fin à son
tour un parti , qui écrase tous les autres

Le

Le discours sur les usages, est le livre du temps ; c'est le siecle qui l'a produit ; je n'ai fait que le rédiger. C'est ainsi que, lorsque l'on s'occupoit par-tout de disputes théologiques, on vit paroître les Lettres Provinciales où le génie de Paschal rassembla dans un seul foyer, ce que l'intelligence de la nation avoit conçu & arrêté sur toutes ces questions. C'est ainsi qu'un autre moment, où l'on s'occupoit généralement de la prééminence de la religion Catholique sur les églises protestantes, a produit le discours sur l'Histoire Universelle. La grande ame de Bossuet a embrassé toutes les parties de ce vaste sujet, & a rendu avec vigueur & briéveté ce que tout le monde étoit venu au point de penser & de savoir. Aujourd'hui c'est le tour de la politique ; toutes les vues sont portées de ce côté : après avoir tout agité, la nation a arrêté ses principes à cet égard ; je n'ai fait qu'exprimer avec impartialité & avec courage ce que l'Univers voit en nous, & ce

que

que nous y trouvons nous-mêmes, quand nous nous examinons fans préjugés. Si je n'euffe pas fait ce difcours, un autre l'eût fait, peut-être mieux que moi, mais non avec une plus profonde intention d'être utile, vrai, & honorable à la France. Aujourd'hui cet ouvrage eft fait ; je m'en fuis emparé, & on ne peut plus le refaire, car on feroit néceffairement le même. Il faut bien qu'on me laiffe un mérite qu'on ne peut plus m'ôter, le feul dont je m'honore, celui d'avoir faifi le premier la parole, & de l'avoir portée avec la nobleffe qui convenoit au peuple François. Colomb n'a pas empêché qu'on allât avant lui en Amérique ; cependant, c'eft lui qui y a été avant les autres, & rien aujourd'hui ne peut faire qu'il n'en ait pas montré le premier le chemin.

Il me refte à vous répéter que, fi mon difcours n'eft pas le tableau de la Monarchie Françoife, telle qu'on la réglera

G

pour

pour l'avenir, il n'en sera pas moins le tableau d'une belle Monarchie; il n'en sera pas moins vrai, que cette belle Monarchie aura été la nôtre pendant les regnes longs & éternellement mémorables de Henri IV, de Louis XIII, de Louis XIV, & de Louis XV. On y verra toujours avec plaisir comment nous avons maintenu notre liberté sous des Princes qui ont exercé la souveraineté la plus absolue; comment notre Gouvernement a pu faire tout ce qu'il a voulu, quand il a su se conformer à l'opinion publique, & ne vouloir que ce qui a fait le bonheur du plus grand nombre. Cette peinture vraie de ce que nous aurons été, vaudra peut-être bien aux yeux de la postérité, les romans politiques de tant de philosophes, qui n'ont travaillé que d'après leur imagination.

J'ai l'honneur d'être, &c.

# TROISIEME LETTRE

## DE L'AUTEUR

## DU MODE FRANÇAIS,

*Où il traite des divers effets que pro-duifent fur les efprits les diverfes ma-nieres d'exprimer une même chofe.*

3 Janvier 1788.

IL faut donc, Monfieur, que je vous parle encore de moi, que j'acheve de me juftifier d'avoir ofé faire un Difcours apologétique de nos ufages, & que je me difculpe enfin tout-à-fait devant les Français, des éloges que j'ai eu la har-dieffe de donner au Gouvernement des Français.

J'ai toujours cru fincérement que notre

Gouvernement faiſoit une partie de nos uſages, & qu'il étoit de notre choix. C'eſt dans ce ſens que j'en ai fait l'éloge. Et cet éloge, tout conforme qu'il eſt à l'ordre & à l'obéiſſance, m'a paru plus noble & plus vrai que les criailleries tant répétées des frondeurs, qui donne-roient à la fin à penſer que les Français languiſſent ſous un joug qu'ils portent malgré eux, & dont ils ſe garantiroient, ſi leurs forces pouvoient répondre à leurs intentions. Quoi qu'il en ſoit, Monſieur, je perſiſte à penſer que les frondeurs du Gouvernement déshonorent la France, & que ceux qui l'aiment, & qui le louent, la ſervent, l'illuſtrent & la fortifient.

J'ai dit, je crois, tout ce qu'il y avoit à dire d'important à l'avantage du Gouverne-ment Monarchique, & à l'avantage du Gouvernement Français. Plein de mon ſu-jet, certain d'abonder en raiſon, je n'ai eu d'autre embarras que de me contenir dans les bornes d'un recit ſimple, d'éviter des éclats & des emportements inutiles dans le développement des principes élevés, juftifiés jufqu'ici par de grands, par de magnifiques effets. On ne m'accufera pas d'y avoir voulu mettre de l'efprit, c'eft fi peu de chofe que l'efprit dans tout ce qui parle à l'ame, & qui l'éleve. J'ai apporté pour traiter la matiere que j'ai choifie un efprit fimple, & autant que je l'ai pu un fens droit. J'ai tâché que mes idées fuffent dans un bel ordre, qu'elles s'amenaffent les unes les autres, & qu'elles concouruffent à s'éclaircir mutuellement, pour diminuer d'autant le travail du lecteur. Il falloit pour porter de la lumiere & de l'intérêt dans des difcuffions fouvent très-abftraites, il falloit que mon ftyle fût clair, plein de vie & de chaleur, mais pourtant fans anthoufiafme & fans paffion, & c'eft à quoi j'ai fur-tout veillé. Parmi le nombre confidérable de vérités que j'ai raffemblées, il n'y en a peut-être qu'un petit nombre, qui, préfentées féparément, fortiffent de l'ordre ordinaire; mais leur réu-

nion forme un bloc qui attireroit toujours l'attention, quand même je n'aurois point pour moi les détails. Mes
phrases les plus simples & les plus né-
gligées se rapportent toutes à un but
commun qui leur donne de la force &
de la valeur; ce sont des lignes qui abou-
tissent au même centre, & si mon ouvrage a quelque mérite, c'est sans doute
celui de l'ensemble & de l'unité.

Il me reste à vous faire voir que cette
unité & cet ensemble sont portés dans
mon Discours aussi loin que les ouvrages
humains le comportent, & que mon
expression même concourt par-tout, autant qu'il est possible, à faire passer dans
l'esprit de mon lecteur les sentiments
que j'ai voulu lui inspirer.

Si c'est une vérité incontestable que
la bouche parle plus volontiers de ce
qui abonde plus dans le cœur, c'est une
vérité toute aussi grande & toute aussi
utile à remarquer, que ce que l'on dit
prend la teinte de la disposition où l'on

eſt , & que la même choſe dite ou d'une maniere indifférente, ou d'une maniere mépriſante , ou d'une maniere approbative, produit ſur les eſprits qui ne ſont point en garde , trois effets tout-à-fait différents, quoique la choſe dite ne change point en elle-même de nature. Et cet effet eſt d'autant plus grand, que la perſonne qui parle a plus d'eſprit, de chaleur, de puiſſance , & que ſon élocution eſt plus pure , plus parfaite , & par conſéquent plus ſéduiſante.

Sans doute que moi qui ſuis plein d'amour pour ma patrie, ſans empreſſement ridicule, & ſans inquiétude d'eſprit, qui ſuis plein de reſpect pour le Gouvernement ſans approuver ſes fautes , ni juſtifier ſes erreurs, ſans doute que mon Diſcours a pris la teinte de cette diſpoſition, & que tout ce qui nous eſt avantageux reſſort plutôt ſous ma plume que ce qui nous ſeroit défavorable & déplaiſant ; il faut bien qu'il y ait au moins un Ecrivain de ce genre. On ne peut pas toujours voir les chofes par leurs mauvais côtés. Quant à ceux qui n'aiment point leur patrie ils parlent d'une maniere conforme à leurs difpofitions ; les louanges mêmes qu'ils font forcés de lui donner, prennent un tour amer & critique qui en détruit l'effet. Ces perfonnes trouvent ma maniere mauvaife, qu'ils me permettent de trouver la leur déteftable, & de prouver devant le public qu'en cela ils ne manquent pas moins au bon goût, qu'à la vérité & à la raifon.

Lorfque j'ai lu les Effais de Montaigne & toutes les citations dont ils font entremêlés, je me rappelle qu'ils m'ont fait un effet tout contraire à celui que je vois qu'ils font communément. J'étois indigné, révolté du fyftême : j'étois enchanté du ftyle, je ne me laffois point d'admirer la grace, l'imagination, le bonheur de l'expreffion. Les gens du monde, qui font volontiers de ce livre la bafe de leur philofophie, y admirent tout, le fond & la forme : & c'eft, felon

moi, ce qui a fait le plus d'inconsé-
quents, le plus d'égoïstes parmi nous, ce
qui a le plus détourné les Français d'exercer sur eux-mêmes une juste sévérité, ce
qui les a le plus portés à caresser leurs
mauvaises inclinations, ce qui a enfin souvent donné à leurs vertus la teinte de
quelque vice.

Toujours occupé de lui, rapportant
toujours tout à lui, proposant la vertu
comme spectacle, le vice comme pratique, développant avec complaisance
les foiblesses humaines dans le récit qu'il
fait des siennes, salissant avec une sorte
d'agrément les plus beaux traits de force
& de courage qu'il rapporte des autres.
Montaigne a eu l'art de donner la vie
d'un gentilhomme obscur, plein d'amour-
propre & de sottes inclinations, il a eu
l'art de la donner pour un traité de morale, pour un cours d'instruction. Chacun
trouve dans son livre le développement de
tout ce qu'il éprouve de mauvaises dispositions, la lâcheté, la pusillanimité, la pa-

reffe , & fur-tout la vanité y jouent un rôle confidérable , & chacun dit, me voilà bien, c'eft bien-là ce que je fuis : le fameux Montagne étoit comme moi : c'eft-là l'homme par excellence. J'ai bien tous les défauts de Montagne : il n'eft queftion que d'en convenir élégamment , voilà en quoi confifte l'humaine perfection.

Je conviens avec Montagne & avec fes fectateurs, qu'il eft vrai que nous avons le germe de tous les vices , mais nous avons auffi le germe de toutes les vertus ; & ce ne font pas les vices qu'il faut qu'un philofophe mette complaifamment en jeu , mais les vertus. Nous n'avons pas befoin d'appui pour courir au vice : la nature dépravée ne nous en montre que trop le chemin : nous avons befoin qu'on nous aide pour aller à la vertu qui tient à une nature plus épurée , plus embellie , qui eft le fruit de la réflexion, & qui contrarie les paffions brutales , toujours les premieres à fe préfenter. Il

faut

faut par des defcriptions heureufes pouf-
fer les fentiments de ce côté ; mais dans
tout Montagne la vertu eft en précepte,
& le vice eft en action. Les préceptes
font fecs & s'oublient : les faits vivement
narrés pénétrent & s'impriment. Ainfi le
réfultat de toute fa philofophie, eft de
rendre l'homme plus vain & plus mé-
chant, & de lui apprendre à fe juftifier
de fes foibleffes, & à donner une tournure agréable à tous fes défauts : ce qui
eft la deftruction de toute morale, &
l'antipode de la vertu.

C'eft une chofe bien utile à remarquer que l'effet du livre de Montagne,
combien il eft artificieufement tiffu,
comment l'expreffion y détourne de la
penfée, & par quel chemin femé de fleurs,
il vous mene très-loin du but moral qu'il
fembloit d'abord vous propofer. Plus
armé contre fon fyftême que ceux qui
le lifent communément, je me fouviens
qu'à la fin de fon livre, lorfque j'étois le
plus irrité contre fes principes & contre

fa maniere captieufe de les inculquer, il m'a encore joué le tour de fe faire aimer, par le récit de fes foins pour échapper avec fa famille à la contagion qui affligea la France de fon temps. Cette diverfion qui le rend intéreffant & à plaindre, dénoue fon livre fi heureufement qu'il n'eft pas poffible que le lecteur penfe aux dangers qui réfultent de fa philofophie. Il acheve par-là de lui dérober la vue de fon artifice : & il le laiffe imbu de fentiments très-malhonnêtes, & capable en même temps de toutes fortes de faux raifonnements pour les appuyer.

Sur le plus beau trône du monde, dit Montagne, & je rougis en vérité de faire une telle citation, mais la célébrité de Montagne m'excufe » fur le plus beau trône du monde, vous n'y êtes affis que fur votre cul. La belle philofophie ! le beau motif d'égalité ! Les plus grands hommes comme les plus vils, les plus vertueux comme les plus fcélérats, les plus qualifiés comme les plus dégradés , ont ce qu'il dit là , & s'en fervent auffi pour s'affeoir : ce n'eft pas une raifon pour les rapprocher. On n'envifage rien par de femblables côtés. Convenez que cela n'eft que gai & bifarre , & point du tout moral. Montagne eft tout rempli de traits pareils qui divertiffent l'efprit , & qui choquent le bon fens.

Port Royal a réfuté Montagne. Mais la févérité de Port Royal n'a pu triompher de l'amabilité de notre écrivain gafcon. L'élégance des formes l'a emporté fur la folidité du fond : je crois qu'en avertiffant le public de fa rufe , on met autant qu'il faut le lecteur en état de s'en garantir. Il eft à portée d'en faire luimême une critique jufte : tout le charme tombe : on voit alors avec plaifir ce que l'ouvrage a d'agréable , fans être atteint par ce qu'il a de dangereux : & on le lit comme l'hiftoire amufante d'un fat, plein d'idées immorales & libertines , rempli de génie & de goût dans l'expreffion.

Montesquieu dans son Esprit des Loix a très-souvent tort & n'a point d'ordre. M. Linguet qui le réfute dans sa Théorie des Loix a souvent raison, & n'est point sans méthode. Cependant le livre de Montesquieu sera éternellement admiré, le livre de Montesquieu plaît, éleve, instruit, celui de M. Linguet a rebuté tout le monde & a fini par tomber dans le mépris. Pourquoi cela ? C'est parce que le style de Montesquieu est noble, original, vaste, quoi qu'incorrect & dur, & que le style de la Théorie des Loix est petit, commun, souvent grossier & in-décent, insultant plutôt que hardi, li-centieux plutôt que libre, & sur-tout sans égards pour le lecteur qu'il semble vouloir persuader à coups de poings.

J'ai blâmé quelquefois Montesquieu dans mon Discours sur les usages, mais je serois bien fâché de ne pas lui recon-noître avec tout l'univers un mérite in-fini. Il veut dans sa préface qu'on ne lui admette aucun détail, si l'on n'adopte pas fon fyftême entier. Je fais comme tous fes lecteurs, je rejette fa demande & je refpecte fon intention. J'admire fes détails, parce qu'ils font beaux & vrais : je rejette fon fyftême, parce qu'il eft faux, & infoutenable. Montefquieu nous fournit peut - être un des plus grands exemples de la vérité que je vous développe ici, & prouve combien le ton dont on dit les chofes a d'influence & d'empire fur les efprits.

Jean-Jacques Rouffeau dans fon traité du polifinodifme a l'intention d'être utile au Gouvernement Monarchique, mais il n'y procede point qu'au préalable il n'ait débité cinq ou fix pages d'infolences contre les Miniftres Monarchiques, de forte que tout l'intérêt eft détruit avant qu'on foit entré en matiere, & que le lecteur ne fe foucie plus de fçavoir ce que l'on peut confeiller à des gens bien moins dignes d'être foutenus que confondus & exterminés. Ce n'eft point ainfi que l'on ramene les hommes à la

raiſon ; l'on peut dire que de pareils diſcours vont directement contre leurs fins,
& montrent que tout en prêchant l'ordre, un homme d'eſprit peut très-effica-
cement ſemer tous les germes du déſordre.

Un prédicateur qui en exhortant à la
continence, feroit des peintures ſédui-
ſantes des actes les plus voluptueux,
qui n'en parleroit qu'en termes capables de réveiller les idées du plaiſir, auroit beau les défendre par le précepte
& par le raiſonnement, il laiſſeroit l'imagination de ſes auditeurs pleine d'appétit
pour les objets défendus, & leur eſprit
abſolument vuide des conſeils qu'il leur
auroit donnés pour les éviter. Parce que
l'imagination & le ſentiment trop exci-
tés ôtent tout leur effet à la réflexion
& au raiſonnement, & que pour arriver,
en parlant, au but qu'on ſe propoſe, il
faut appuyer par le ſentiment ce que l'on
prouve par le raiſonnement, & ne jamais détruire ou affoiblir par l'un, ce que
l'on veut édifier par l'autre.

Et cet enſemble dans ceux qui parlent bien n'eſt pas un artifice, mais l'effet
d'un eſprit vrai, d'un cœur droit. Le
contraire dans les autres eſt l'effet ou de
l'ineptie, ou de la malice, ou tout ſim-
plement d'une mauvaiſe inclination à
laquelle ils ne penſent point.

Rouſſeau dans ſon Contrat Social
eſt contraire aux Etats Monarchiques ;
ici c'eſt ſon deſſein, & les mots & les
choſes n'y ont point une différente di-
rection. Mais ce livre qui eſt plein de
propos âcres contre les Monarchies &
d'éloges des Démocraties, ne doit rien
prouver autre aux hommes ſenſés, ſinon
que le même écrivain auroit pu mettre
ſon lecteur dans une diſpoſition toute
contraire, s'il eût, avec un cœur pénétré, fait pour les Monarchies, ce qu'il a
fait pour les Républiques. Et tout cela
n'eût dépendu que de la maniere dont
il eût exprimé les mêmes choſes.

Les écrivains qui ont ſuivi Jean-Jacques Rouſſeau & en général tous les

gens de lettres qui ont trop médité les ouvrages de l'antiquité affichent le mépris pour les Monarchies, & une eftime trop partiale pour les Républiques. Il eft vrai que tous les chefs-d'œuvres antiques qui nous font parvenus font fortis des Républiques , & que les efprits accoutumés à les étudier doivent naturellement conferver l'impreffion de l'admiration pour ce qui les a produits. Les jeunes gens en fortant des colleges font imbus de ces préventions, & quand ils s'avancent vers les emplois civils , ils peuvent d'autant moins concilier cette emphafe dont ils font pleins , avec les devoirs plus tranquilles de l'état Monarchique; ils peuvent, dis-je , d'autant moins la concilier, qu'ils ne trouvent aucun ouvrage qui les inftruife de la différence , aucun qui les avertiffe que nous valons autant dans une autre maniere , aucun qui leur mette devant les yeux , les fuccès , les avantages , les chefs-d'œuvres dans tous les genres que

feuls

feuls de tous les peuples Monarchiques,
nous oppofons à toutes les Républiques
de l'antiquité.

Dans fon hiftoite des établiſſements des
Européens dans les deux Indes , M. de
Reynal pouſſe la partialité pour les
Républiques juſqu'au fanatifme & à la
fureur. Il ne va pas moins qu'à faper
par-tout le trône & l'autel. Ce livre,
d'ailleurs intéreſſant par ſes defcriptions,
a altéré dans tous les cœurs l'amour
pour les Gouvernements Monarchiques,
y a renforcé les préventions pour les
états Républicains , & preſque toute
la magie de ce livre eft dans les mots
& dans le retour continuel d'expreſſions
véhémentes & emportées , placées dans
des moments , où il a ému par quelque
fait particulier , qui ne conclud rien pour
le général.

Mais fi nous avions en effet le génie
Républicain , pourquoi n'avons nous pas
eu dans l'univers étant républiques , la
prépondérance que nous y avons obtenue

dès que nous avons été Monarchies ? Nos Gouvernements Gaulois étoient Républicains : nous vivions sous une de ces institutions fédératives que Rousseau vante si fort : pourquoi dans la superbe position, où nous étions alors comme aujoud'hui, n'avons nous pas été ce que les Grecs, ce que les Romains ont été ? Nous nous sommes, il est vrai, toujours montrés libres & guerriers, parce que cela tient à notre caractere ; mais sans civilisation, sans influence, sans considération, sans force politique, & pour tout mérite, de braves barbares. Nous n'avons pas été plutôt réunis sous un Roi, que nous sommes devenus le premier peuple de l'Europe & du monde, nous avons fait reculer & finir l'empire Romain, consumé l'empire Grec, fait éclore autour de nous des puissances que notre propre force a consolidées, & nous sommes devenus le plus généreux, le plus grand, le plus sûr, & par le laps du temps, le plus ancien des Gouvernements.

M. d'Argenſon, dans ſes conſidérations ſur le Gouvernement Français , M. d'Argenſon, ſujet fidele, bon citoyen, Miniſtre habile, écrivain paſſable, a fait un tort infini à l'adminiſtration Françaiſe, par la maniere dont il a préſenté ſes idées. Il prêche le reſpect pour le Gouvernement, il en inſpire le mépris. Son diſcours rend odieux ce que ſes projets voudroient faire honorer. Je vais vous citer quelques traits où cette maniere ſe fait remarquer.

Il dit pag. 34. *Les Miniſtres choiſis par le Monarque ſeul ont ordinairement les défauts de leur commettant: ils s'occupent plus du maintien de leur autorité que du bien général.* Cette diſpoſition dans les Miniſtres eſt un devoir, puiſque le bien général eſt ſur-tout dans le maintien de l'autorité. Mais il faut fronder. On choiſit des penſées qui y prêtent, la tournure de l'expreſſion fait le reſte.

*Page 118. Par la ſuite le Gouvernement Militaire a dégénéré en France en Gouver-*

nement Financier........ *On abandonna
d'abord la finance aux Juifs, gens méprifés & abhorrés, tandis que les Financiers font aujourd'hui nos véritables Magiftrats.* Cela eft radicalement faux. d'ailleurs pourquoi rendre odieufe une pro-
feffion néceffaire? Les Financiers étoient
odieux quand ils étoient odieux, aujour-
d'hui qu'ils ne le font plus, ce n'eft pas
à M. d'Argenfon à vouloir redonner
cours à ce défordre par fes exhorta-
tions.

Page 125. *Les Monarques........ ne
font pas encore confifter leur gloire à faire
le bonheur de leurs fujets, mais feulement
à les affujettir pleinement.* Le Gouvernement Républicain affujettit auffi pleinement les Peuples. On ne peut rien faire
avec une autorité partagée : mais il faut
rendre odieux les Monarques.

Page 145. *Cependant les Cours de nos
Rois ont encore confervé un des inconvéniens des anciennes : on s'empreffe de
s'y rendre, & on s'y ruine, dans l'efpoir,*

quelquefois trompeur, de s'y accréditer. Où iroient donc les grands si ce n'est à la Cour ? M. d'Argenson voudroit-il qu'ils restassent chez eux , à mourir d'ennui, à fomenter des divisions , ou que les Cours étrangeres, plus brillantes, les attirassent ? La Cour est leur élément naturel. Les grands sont faits pour les grands emplois. Quand ils les sollicitent & les obtiennent à la Cour , cela est juste. Au reste il y en a mille qui passent toute leur vie à la Cour par choix & par goût, & qui n'y ont jamais rien obtenu, ni rien demandé.

*Page 147. Aux Assemblées augustes des Etats-Généraux a succédé l'aigreur importune des Parlements , composés de Magistrats qui apprennent aux Peuples qu'ils sont esclaves sans pouvoir en rien diminuer le poids de leurs chaînes.* Quelle âcre & insultante proposition ! Elle porte à faux si complettement qu'elle ne blesse plus, mais l'histoire ne nous montre aucune Assemblée d'Etats Généraux qui ait eu d'heureux effets. Les Parlements n'ont d'aigreur importune que pour les Miniſtres qui compromettent le Roi : nous ſommes bien plus libres depuis qu'ils défendent l'intérêt du Prince & des Citoyens, & le poids des chaînes n'eſt qu'un mot odieux & déplacé.

Page idem. *Le réſultat de ces contra-dictions inſuffiſantes a été une maniere de lever les ſubſides la plus fâcheuſe qu'on puiſſe imaginer. On négocie en finance comme en politique avec des gens qui ſe chargent de vexer les Peuples au nom du Roi, de la maniere la plus lucrative, & qui en même temps faſſe le moins crier. Les artiſans de cette manœuvre étoient connus pendant le dernier ſiecle ſous les noms odieux de Traitants, Maltotiers, aujourd'hui cela s'appelle des Financiers.* Voilà bien du fiel & de l'aigreur. M. d'Argenſon fait ici ce que M. de Monteſquieu dit que font les Médecins dans leurs livres. Il nous fait trembler quand il exagere nos maux, comme s'ils étoient tous extrêmes, pour nous raſſurer quand il parlera de ſes moyens de guérir, comme ſi nous allions devenir de purs eſprits. Mais il me ſemble qu'on pourroit être moins amer, ne pas ſuppoſer des intentions ſi méchantes, ſi baſſes, & ſi inutiles à l'adminiſtration. Je trouverois au contraire que les ménagements qu'elle eſt obligée de prendre en cela prouvent notre force & notre liberté. Toute prévention ceſſante, il faut des ſubſides enfin, & il n'y a pas de peuple à qui on ait donné plus de recours contre les Traitants.

*Page* 149. *Il eſt étonnant que l'on ait accordé une approbation générale au livre intitulé le Teſtament Politique du Cardinal de Richelieu, ouvrage de quelque mauvais Commis, &c.* Parole indécente, ton malhonnête, air léger, & qui ne prouve rien. Mais on parle comme on raiſonne. Mauvais Commis, qu'en ſçavoit-il? Cet homme ne pouvoit-il pas être bon Commis, quoique mauvais Écrivain? Je n'ai pas vu écrire le Teſtament à Richelieu, & j'y trouve des endroits embarraſſés, mais cet ouvrage eſt grand, il rappelle de grands objets, il n'y a pas un homme en place qui ne le liſe avec fruit, il ſera toujours eſtimé des gens raiſonnables parce qu'il édifie, & celui de M. d'Argenſon en ſera toujours rejetté parce qu'il détruit.

Page 149. *La vénalité des Offices ſemblable à un principe de corruption qui infecte toute la maſſe du ſang, a détruit en France toute idée du Gouvernement populaire.* Je vois tout le contraire: elle a rendu les places acceſſibles au tiers-état, & comme elle ſuppoſe des richeſſes & des moyens, elle y a mis, pour la plupart, des gens inſtruits & élevés libéralement. Qu'on les mette en commiſſion, on ouvrira une porte de plus à l'intrigue. On avoit des gens riches, on aura des gens à enrichir.

Page 151. *La vénalité des charges a la plus baſſe de toutes les origines, l'avarice, l'argent, l'argent, la cupidité.* Elle a , selon moi , pour origine le besoin de subsides , & l'envie d'en lever sans gêner les peuples. Elle forme un lien de plus pour assurer l'inamovibilité des charges qui en sont susceptibles. M. d'Argenson ne feroit-il pas croire à ce langage qu'en vendant l'Office on vend la Justice.

Page 161. *Les peuples sont soumis au point de n'avoir pas la force de connoître où sont leurs véritables intérêts. Ils baisent les fers dont ils sont enchaînés, ou gémissent sans faire aucuns efforts pour s'en débarrasser.* Discours digne des Gracques. Tocsin de révolte. C'est par ces encouragements séditieux que nous sommes arrivés au point de désordre où nous sommes. Heureusement cela est encore plus faux que mordant , plus absurde qu'insultant.

Page 165. *On pourroit dire que le Monarque ne songe qu'à avoir de l'argent , puisqu'il ne voit le bonheur de ses Sujets que par les yeux de son grand Trésorier.*

Nouveau trait acerbe contre la Royauté ; la même chose n'arrive-t-elle pas sous les Républiques. Il n'y avoit qu'un cri contre l'avarice des Romains, & les Républiques, quoi qu'on en dise, sont à cet égard plus tenaces que les Rois. Mais cela est faux à notre égard. Les premiers soins du Roi sont pour l'administration de la justice & l'ordre civil ; viennent ensuite les affaires étrangeres, l'affaire des finances n'arrive qu'après. Et le peuple Français a plus de moyens de résistance à cet égard, qu'aucune République.

Page 181. *Il faudroit.....que le public fût admis autant qu'il se peut dans le Gouvernement du public.* Comme cette tournure est maligne & satyrique ! Ne sembleroit-il pas, au dire de M. d'Argenson, que le Roi nous donne pour Magistrats des Bulgares, des Ragusois ?

Page idem. *Mais il faudroit des ames fermes, & des cœurs purs pour se conduire conformément à des vues si desirables*

Oui, il faudra faire des cœurs purs, des ames fermes pour exécuter les syſtêmes de M. d'Argenſon. En attendant, comme on n'en a pas toujours, il doit trouver bon qu'on s'en tienne à un Gouvernement qui ait de l'enſemble, de la force, & qui ne ſoit point romaneſque. On voit que les gens d'eſprit quelquefois ſont niais. Si l'on avoit à ſon gré des cœurs purs & des gens de bon ſens, on n'auroit pas beſoin de loix.

Page 184. *L'intérêt du fiſc n'eſt que trop favoriſé par les gens de Cour à qui on le confie.* Cela eſt faux & très-faux, & toute la France en eſt témoin. Les gens de la Cour ne ſe mêlent pas de l'intérêt du fiſc.

Page 249. *Quand le Roi paroît s'en rapporter à ſes peuples, on voit bien qu'il eſt le chien du troupeau, & on ne le ſoupçonne pas d'en être le loup.* Je vous prie de me dire, ſi cette tournure ne vous fixe pas plutôt ſur l'idée du loup que ſur celle du chien. Comme M. d'Argenſon rend l'autorité aimable ! Tel eſt l'effet de l'expreſſion : les anciens appelloient cela *nomina male ominata* , des mots de mauvaiſe augure, que les Ecrivains polis avoient ſoin d'éviter.

*Page* 251. *La France eſt peut-être le ſeul des États Chrétiens où la police ſoit entiérement confiée à des Officiers Royaux qui ne répondent de rien aux peuples, & qui inſultent plutôt qu'ils ne défèrent à leurs plaintes.* Je n'ai point apperçu cela, & tout au contraire lorſqu'un Magiſtrat quelconque, a contre lui la voix publique, j'ai aſſez vu qu'il eſt dénoncé, pourſuivi, déplacé, & que, juſtifié ou non, juſtement ou injuſtement attaqué, il finit par être un homme perdu. Quand M. d'Argenſon a dit cela, il étoit plus rempli des converſations des beaux eſprits frondeurs, que des choſes.

*Page idem. Lorſqu'on voyage ſur nos frontieres, il eſt inutile de demander où finit le territoire de France : l'état des chemins & de tout ce qui eſt au public en fait aſſez appercevoir.* Oui par le mieux qu'on voit par-tout : mais ce n'eſt pas ce que prétend M. d'Argenſon. L'Empereur Joſeph II, répond à cet article. Ce Prince en parcourant la France ne s'eſt point laſſé d'admirer nos chemins & nos ouvrages publics. A la vue du Canal de Picardie ce Prince s'eſt récrié qu'il s'eſtimoit davantage d'être homme depuis qu'il avoit vu un pareil ouvrage. Les grandes choſes en font penſer, en font dire de grandes aux grands hommes : les ſatyres déplacées rapetiſſent & indignent.

Page 258. *Nous nous entêtons pour nos maux. Un grand bruit de chaînes nous étourdit : une vapeur nous offuſque.* Je crois qu'il n'y a ici de vapeur que dans la tête de l'Auteur, ébloui de la puiſſance où il eſt parvenu, qui voit tout perdu, & qui veut que tout ſoit perdu, que tout ſoit avili, ſi l'on n'adopte pas ſes plans. Si je voulois pouſſer plus loin l'examen du livre de M. d'Argenſon, je vous prouverois toujours davantage combien l'Auteur étoit au fonds mal difpofé, combien il étoit dupe de fon propre fens, combien il eft offenfant pour la nation, combien fes idées font loin de nous être favorables. Mais en voilà affez pour mon fujet. Le livre de M. d'Argenfon eft de quelques mauvais Commis, ou il faut convenir que tel fe foutient dans le cabinet à l'ombre de l'autorité, qui devient bien peu de chofe, quand dénué de tout fon appareil, il ofe fe préfenter feul avec fes propres forces devant le public.

Ce livre de M. d'Argenfon étoit très - rare : le Gouvernement l'avoit étouffé; mais il a fermenté dans quelques cabinets : où il a renforcé l'efprit frondeur, & c'eft lui qui a enfin produit tous les défordres où nous nous voyons. Mieux eût valu fans doute le laiffer circuler : il auroit mûri : il auroit été réfuté ; & nous ferions tranquilles. Enfin l'efprit de renverfement qui a voulu s'étayer de l'autorité de M. d'Argenfon a fait faire une nouvelle édition de cet ouvrage ; il commence à être commun. Et fi lor -

que je l'ai **vu** il y a quelques mois, je
me suis applaudi de me rencontrer quelquefois avec cet homme d'esprit, quoique sans génie, sans profondeur & sans
critique, si je lui admets, malgré son
fiel, quelques idées heureuses, je ne sçau-
rois lui passer ses étranges & dangereuses
erreurs.

Celle, entre autres, des Assemblées
Provinciales, peut causer dans un temps
où tous les esprits sont inquiets &
échauffés, peut causer la subversion to-
tale de la Monarchie. Je pense bien,
comme M. d'Argenson, que le plus ferme
appui de l'autorité d'un Roi est l'égalité
des citoyens, & que la Démocratie n'est
point contraire à la Monarchie. Mais je
pense qu'il ne faut point que cette Démocratie soit nouée, soit composée ré-
guliérement, qu'elle ait des Assemblées,
sans quoi il y a deux puissances, deux
administrations, deux autorités dans l'Etat.
Il faut seulement que le suffrage de tous,
que l'opinion publique domine. Quand on

a un Roi, il faut néceſſairement le rendre maître de tout le Gouvernement : ſon intérêt bien entendu fait qu'il ſe porte enſuite à ce qui convient au plus grand nombre, & qu'il ſuit en tout la voix publique. Tout le reſte n'eſt qu'entraves, diviſion, moyens de réſiſtance au bien , point d'appui pour les partis. Je l'ai dit, & ne ceſſerai de le redire juſqu'à ce qu'on l'ait bien entendu. Le peuple a des Parlements qui ont bien mérité de la Patrie, qui défendent ſous ſes yeux & avec ſuite ſes intérêts , & il ſçait bien avertir lui-même de ce qui lui déplaît. Il n'a pas beſoin d'aſſembler quelques brouillons pour le repréſenter, car tous les gens prudents fuiront ces fonctions éphémeres. Mais revenons aux divers effets des expreſſions.

J'ai ſous les yeux le livre de M. le C. de G. ſur la Tactique. Celui-ci a certainement l'intention excellente, & ſon Diſcours eſt toujours relatif à ſon objet ; mais je vois ici un autre excès ; à force d'intention, il manque ſon effet :

ſes

ſes efforts vont contre ſes fins : plus il s'échauffe, plus ſon lecteur reſte froid ; parce que ſa chaleur manque de naturel. Il eſt chaud, parce qu'il veut être échauffé & non point parce qu'il brûle. Ouvrons le livre & prouvons ceci.

On voit d'abord une Epitre Dédicatoire, *à ma Patrie*. Qu'eſt-ce qu'une Epitre Dédicatoire ? Où voit-on des Epitres Dédicatoires ? Et quel étrange ſervice à propoſer à la Patrie, que celui de l'affubier d'une Epitre Dédicatoire ? Mais paſſons. *Dédier mon Ouvrage à ma Patrie, c'eſt le conſacrer au Roi qui en eſt le pere, aux Miniſtres qui en ſont les adminiſtrateurs, à tous les ordres de l'Etat qui en ſont les membres, à tous les Français qui en ſont les enfants.* Tout cela rentre l'un dans l'autre, ne dit rien du tout, & ne montre qu'une envie de parler grandement qui va toujours en avortant. Tout cela ne fait point d'effet : les idées ne répondent point à l'emphaſe de tant de grands mots raſſemblés. Suivons. *Eh ! puiſſe-*

*t-on rendre un jour à ce faint nom de Patrie toute fa fignification & fon énergie ? Puif-fent à la fois le maître & les fujets, les grands & les petits, &c.* Quel mouve-ment, quelle fougue ! Ici le lecteur fe tient en garde : il fe retranche : il s'éloi-gne de l'Orateur : il eft fâché de lui voir faire tant d'efforts pour l'amener à un fentiment auquel il eft naturellement difpofé : il lui déplaît de voir fouffler fi fort pour allumer dans les cœurs le feu de l'amour de la Patrie. Ce ton apof-tolique ne lui paroît point enfemble avec la tranquillité des chofes. Il croit que c'eft avoir mauvaife opinion de lui que de fe tourmenter ainfi, tandis que le moment n'eft pas autrement preffant. Et l'effet va toujours en fens contraire de l'intention de l'Auteur, parce qu'on apperçoit trop qu'il n'y a que lui en peine.

M. le C. de G. déclame encore beau-coup fur l'amour de la Patrie, & finit fon Epitre par demander qu'on le plaigne, & par dire que *le délire d'un citoyen qui rêve au bonheur de sa Patrie a quelque chose de respectable.* Je crois, pour moi, que le délire est toujours fâcheux; & que quand on se doute de délirer dans une matiere aussi grave, il faut ne rien dire, si l'on peut. Ces paroles vont encore contre leurs fins.

Au premier feuillet du livre je trouve ces mots; *Convenons que nos Richelieu, nos Colbert, nos d'Ossat, nos d'Estrades ne peuvent se comparer aux Licurgue aux Périclés, aux Numa, &c.* Ici je vois non-seulement que l'expression qui abaisse la nation, va contre le but de l'Auteur qui seroit de l'honorer, mais je vois encore dans les choses un léger défaut de jugement. On ne compare point ce qui n'a aucun rapport. Les Licurgue & les Numa étoient de grands fondateurs de peuples, les d'Ossat, les Richelieu, les Colbert, ont été de parfaits coopérateurs d'administration. Ce qui est excellent en soi est excellent, & ne peut point être rabaiffé par l'oppofition de ce qui eft d'une autre efpece. De pareils approchements ne concluent rien & ne fervent qu'à faire extravaguer les gens qui ont l'efprit faux. On ne peut comparer les Licurgue & les Numa qu'aux Minos, aux Mahomet, non aux habiles Miniftres d'un Royaume régulier. Nos mœurs d'ailleurs ne comportent pas l'apparition de perfonnages du genre des Licurgue. Nous nous mocquerions d'eux' très-fûrement ; notre gravité ne feroit point affez robufte pour tenir long-temps devant leur haute exiftence. Leurs inftitutions nous paroîtroient des caricatures. Sans être du même genre, jufqu'à préfent nous nous fommes paffablement montrés. Toutes les hiftoires font mention de nos guerres. Nous avons enfeigné la tactique à tous les peuples du monde, aux Romains même : & quoi qu'en dife M. le C. de Guibert il n'y a pas d'apparence qu'aucun perfonnage de l'efpece de ceux qu'il admire à nos dépens, faffe jamais fortune chez nous.

Et pourquoi en effet nous oppofer des Licurgue & des Solon , des Créateurs, des Légiſlateurs , que notre caractere ne peut pas produire , & qu'il pourroit encore moins endurer ? **La France** s'eſt enfantée elle-même , & n'a point été formée par une main particuliere ; elle ne porte point ſur l'intelligence de tel ou tel homme , mais ſur la ſienne propre. Son exiſtence eſt le réſultat du bon ſens de tous , du courage de tous, de la vertu de tous. Sa conſervation doit être également l'ouvrage de tous. Elle n'a beſoin ni de réformateurs , ni d'inſtituteurs, il ne lui faut que des ſerviteurs. Que chacun faſſe ſon devoir ſelon l'ordre établi : voilà la meilleure des reſtaurations , le plus avantageux des changements , la plus belle des innovations.

Je laiſſe-là le livre de M. de G. qui eſt tout ſur ce ton , dont l'expreſſion a un effet humiliant pour nous , & qui ſous prétexte de nous rendre plus grands dans l'avenir par ſon intelligence & par ſes conſeils , nous fait auſſi trop petits dans le paſſé & dans le préſent.

C'eſt une choſe inouie que l'effet de la ſimple expreſſion ſur les eſprits. Un fait arrivé l'année derniere va nous montrer combien il eſt grand, lorſque cette expreſſion eſt juſte & bien appropriée. Il parut dans le public un Mémoire ſur trois hommes condamnés au dernier ſupplice , qu'on prétendoit innocents. Ce Mémoire commençoit ainſi. *Le 11 Août 1785, une Sentence du Baillage de Chaumont a déclaré trois accuſés convaincus de vols nocturnes & les a condamnés , &c. Ils étoient innocents. Que les cœurs ſenſibles ſe raſſurent : ces trois innocents reſpirent.* Tout le reſte du Mémoire, étoit déclamatoire, mal tiſſu , mal écrit , ne valoit rien. Mais ce début ſi ſimple. *Une Sentence , &c.* Cet avertiſſement ſi naïf & ſi touchant. *Ils étoient innocents :* ce mouvement ſi véhément qui ſemble ne ſe hâter point encore aſſez pour calmer l'émotion , pour tranquilliſer les ames

honnêtes qu'une telle injuſtice a dû ré-
volter. *Que les cœurs ſenſibles ſe raſſurent : ces trois innocents reſpirent.* Ces
quatre lignes firent une telle impreſſion
que tout le Mémoire fut admiré. Il ne
fut plus poſſible de l'examiner. Tout ce
qui développoit un fait annoncé d'une
maniere auſſi vive, auſſi touchante, exci-
toit l'intérêt & la ſenſibilité. La commotion fut générale. En vain M. Séguier
développât-il, dans un Réquiſitoire
très-noble & très-éloquent, les principes
& les faits, le Réquiſitoire fut reçu
avec indifférence : le Mémoire fut porté
aux nues. On ne voyoit plus dans tous
les condamnés que des innocents : dans
tous les Juges que des prévaricateurs. On
crioit par-tout *Tolle.* Il falloit faire un
nouveau code criminel : l'ancien avoit
cent abus ; le nouveau en auroit eu
mille : n'importe : quand on eſt ému,
on ne raiſonne point. Il falloit tout refaire, tout renverſer, & tout cela étoit
l'effet de quatre lignes vraiment ſublimes.

Qui eût ôté du Mémoire ces quatre lignes, l'auroit réduit à la condition d'un Mémoire obscur du Palais ; & tout ce qui depuis a été écrit dans cette affaire n'a fait aucune sensation. Voilà l'exemple d'un effet qui a été bien au-delà de sa cause, puisqu'il a été acquis avant que le fait fût prouvé.

Dans mon Discours sur les Usages j'avois dit « *sous le Gouvernement féodal les habitants des villes & ceux des châteaux, sans cesse en guerre ou en contestation, se regardoient comme ennemis, & s'insultoient réciproquement par des qualifications outrageantes. Aujourd'hui tous les citoyens de la France, réunis sous une autorité plus forte & plus réglée, se regardent comme enfants de la même famille, & ne disputent plus, si ce n'est à qui se rendra plus utile à son pays.* On voit dans les deux textes presque les mêmes idées & les mêmes expressions ; mais elles partent d'un principe bien différent, & elles ont un effet tout opposé.

pofé. Il réfulte entre autres de ce que dit M. de B..... que le Tiers-Etat n'eft qu'un objet acceffoire ; il réfulte de ce que je dis qu'il eft aujourd'hui regardé avec juftice comme objet principal. Cette différence vient de ce que nous avons conçu tous deux le Tiers-État différemment. M. de B..... ne l'a apperçu que comme un amas de pauvreteux qui attend que le Clergé & la Nobleffe lui tende une main fecourable. Moi je l'ai vu comme poffédant tous les biens en roture du Royaume, toutes les maifons des grandes villes, toutes les richeffes mobiliaires, tout le commerce, toute l'agriculture, tous les arts, & la meilleure part de l'intelligence & de la vertu du Royaume ; je l'ai vu comme l'ami & le confrere de la Nobleffe, comme intimement lié avec elle par les mêmes intérêts, les mêmes droits, les mêmes inclinations, le même but, & par mille relations réciproques. Je l'ai vu comme l'appui de la Monarchie par les immen-

F

fes fubfides que lui procure fon induftrie , je l'ai vu comme le maître de
l'opinion publique par fa nombreufe population, comme le frein des grands &
des petits par fes mœurs. M. de B.....
qui eft un grand Seigneur, a vu les gens
du Tiers-État dans fon antichambre : moi
qui fuis un homme obfcur, je les ai vus
chez eux. Telle eft la caufe de l'effet
différent des mêmes idées & des mêmes
expreffions dans les deux Difcours. Ceci
au refte n'eft qu'une fimple difcuffion
Littéraire, trop vifiblement autorifée par
les libertés Gallicanes, pour que j'entre-
prenne ici de la juftifier. Je ne ferai point
à un miniftere qui doit aimer à entendre
la vérité, je ne lui ferai point l'injuftice
de le croire capable de s'en offenfer.

Il y a auffi des écrits qui tirent beaucoup de force & d'effet des circonftances, lorfque l'expreffion y eft analogue.
M. C. de B——— pendant la tenue du
Parlement intermédiaire, a par cet artifice
donné au public pour des chef-d'œuvres

trois ou quatres Mémoires très-médio-
cres contre M. Goëzman, M. de Beaumarchais
Il n'eſt cependant ni plaiſant, ni homme
de Lettres, ni Juriſconſulte, ni Logi-
cien ; mais il a beaucoup d'adreſſe &
d'eſprit comme homme du monde, &
il a habilement tiré à lui par ſa maniere
d'exprimer ſa défenſe, ce qui étoit la
cauſe de tous : il a, pour ainſi dire, ſçu
mettre avec lui dans la balance toute
la choſe publique. Aujourd'hui les mêmes
Mémoires qui ont fait tant de ſenſation
ſeroient à coup ſûr ſans effet, pour ne
rien dire de plus.

C'eſt ainſi qu'en a agi M. Necker
qu'on peut appeller à juſte titre le Bre-
beuf de la politique. M. Necker après
avoir, par différentes manœuvres, fixé
ſur lui l'attention pendant ſon miniſtere,
a jetté abondamment dans le public trois
volumes de notes ſur les détails de l'Adminiſtration. Il a très-habilement profité
du branle qu'il avoit donné aux eſprits
pour faire accueillir un ouvrage plein de

ſes fauſſes vues & de ſes faux calculs, où l'orgueil eſt donné pour de la No-bleſſe, l'embarras dés penſées pour de la profondeur, la bouffiſſure pour de l'élé-vation, un égoïſme outré pour l'amour du bien public, il s'eſt par-là pendant quelque temps rendu maître de l'opinion, ne pouvant plus l'être des choſes. Il avoit ſi bien tout préparé pour les faits précé-dents, que ſon ſtratagême a eu le plus grands ſuccès : il eſt devenu le Saint d'un parti. La commotion eſt donnée : les gens compétents ont beau le juger; les provinciaux n'en renviendront pas. Le voile de l'Adminiſtration qu'il a dé-chiré à leurs yeux, ce voile qui couvroit tant de fautes, mais auſſi tant de reſſour-ces, ce voile qui entretenoit la crainte chez l'étranger & le reſpect chez nous, ce voile levé par ſes mains indiſcretes lui a fait autant de partiſans qu'il y a en France de frondeurs, de mécontents & d'eſprits inquiets. Dix ans plus tard ſon livre n'eût produit d'autre effet que l'en-nui & le dégoût.

Vous sçavez, Monsieur, que loin d'avoir rien tiré des circonstances, mon Discours les a eu toutes contre lui. Rien dans son expression n'est analogue au moment : tout est relatif à la chose. Dire que tout est bien, à quelques abus près, lorsqu'on veut tout renverser, & tout détruire, quelle mal-adresse ! quel crime ! comment tenir contre une pareille disposition avec un pareil système ? Ce sera au fonds des choses à me soutenir, lorsque tous leurs alentours sont contre moi. Peut-être que la simplicité même de mon expression me fera trouver grace devant les plus emportés. La candeur, la vérité & le désintéressement avec lesquels je leur ai parlé, triompheront tôt ou tard de leur prévention : & malgré mon incohérence avec les événements, les retours d'un peuple intelligent sont si prompts, que je n'aurai peut-être pas compté en vain sur la justice & le bon sens de mes concitoyens.

Vous avez vu, Monsieur, les Discours

très-pathétiques que M. de Calonne
a débités pour faire affujettir à l'impôt
les parcs & les immenfes jardins de plai-
fance. Ils ont fouffert mille répliques,
avant d'être admis. C'eft parce qu'on
trouvoit dans ces Difcours toutes fortes
de chofes ingénieufes, excepté les motifs déterminants, ou qu'ils y étoient
noyés dans les mots. Ce que la juftice
exigeoit, ce que la bonne politique
ordonnoit à cet égard, n'y étoit point
rendu fenfible. On n'y voyoit que l'envie de faire payer. Je n'ai écrit là-deffus
que dix lignes dans mon Difcours fur nos
Ufages ; mais leur effet eft certain, &
l'on n'y répliquera jamais. Il confifte
dans la maniere dont l'objet eft préfenté.
Permettez que je vous les rappelle : *« Une
des principales attentions que le Gouvernement doit aux pauvres eft d'obliger les
riches à mettre leurs propriétés en valeur
pour fournir aux befoins de tous. Le riche
qui laiffe des champs fans culture, ou qui
les emploie à des chofes purement de*

*luxe, en dérobe les fruits au peuple, &*
*& abuse aussi des loix. L'impôt empêche*
*ce mal. Ce même impôt qui force le pauvre*
*à travailler pour le riche, force aussi le*
*riche à faire vivre le pauvre, & met malgré*
*eux ces deux classes de citoyens dans une*
*dépendance réciproque.*

L'Auteur de la libération de la dette nationale, ouvrage plein de faux raisonnemens & de bons calculs, a voulu, comme moi, faire une description du sol de la France. Voici comme il commence, *élevons nous dans les airs.* On n'ira point : la proposition est brusque & insolite. S'il eût fait une peinture simple & soutenue de notre sol, le lecteur sans s'en appercevoir se feroit peu-à-peu élevé en imagination pour le suivre. Mais il annonce sa prétention avant de montrer ses moyens : il effraie la bonne volonté. Je dis que notre territoire est arrosé par un nombre infini de fleuves & de rivieres : il met, lui, six mille fleuves, tout cela est sans effet & uniquement par la faute de l'expreſſion.

Les exemples ſur une pareille matiere ne tariroient point ; mais pour trancher court, je vais achever ces réflexions par la comparaiſon de trois morceaux, ſur le même ſujet, preſque avec les mêmes expreſſions, & qui vont à trois buts différents, le premier eſt de Boſſuet, le ſecond de Rouſſeau, le troiſieme de moi. Je me mets en bonne compagnie ; mais vous verrez que ce n'eſt pas pour en tirer un grand avantage.

Boſſuet, dans Ces fragments, prétend que c'eſt la religion qui influe le plus ſur les mœurs d'un peuple. Rouſſeau dit que c'eſt la nature qui fait tout indépendamment de la religion. Et moi je dis que le Gouvernement y influe beaucoup plus que la religion, ſans nier que la nature n'y coopere auſſi beaucoup.

Voici ce que dit Boſſuet : *Les Nations les plus éclairées & les plus ſages, les Chaldéens, les Égyptiens, les Phéniciens, les Grecs, les Romains étoient les plus*

*i norants*

ignorants , & les plus aveugles sur la religion ; tant il est vrai qu'il y faut être élevé par une grace particuliere , & par une sagesse plus qu'humaine. Qui oseroit raconter les cérémonies des Dieux immortels , & leurs mysteres impurs ? Leurs amours, leurs cruautés, leurs jalousies, & tous leurs autres excès étoient le sujet de leurs fêtes , de leurs sacrifices , des hynmes qu'on leur chantoit, & des peintures que l'on consacroit dans leurs Temples. Ainsi le crime étoit adoré, & reconnu nécessaire au culte des Dieux. Le plus grave des philosophes défend de boire avec excès, si ce n'étoit dans les fêtes de Bacchus & à l'honneur de ce Dieu. Un autre après avoir sévérement blâmé toutes les images malhonnêtes, en excepte celle des Dieux qui vouloient être honorés par ces infâmies. On ne peut lire sans étonnement les honneurs qu'il falloit rendre à Vénus, & les prostitutions qui étoient établies pour l'adorer. La Grece, toute polie & toute sage qu'elle étoit, avoit reçu ces mysteres abominables.

G

*Dans* les affaires preſſantes, les particuliers & les républiques vouoient à *Vénus* des courtiſannes, & la Grece ne rougiſſoit pas d'attribuer ſon ſalut aux prieres qu'elles faiſoient à leur Déeſſe. Après la défaite de *Xerxès* & de ſes formidables armées, on mit dans leur Temple un tableau où étoient repréſentés leurs vœux & leurs proceſſions, avec cette inſcription de *Simonides*, Poëte fameux ; » Celles-ci ont prié la Déeſſe *Vénus*, qui, pour l'amour d'elle, a ſauvé la Grece. S'il falloit adorer l'*Amour*, ce devoit être du moins l'amour honnéte ; mais il n'en étoit pas ainſi. *Solon*, qui le pourroit croire, & qui attendroit d'un ſi grand nom une ſi grande infâmie ? *Solon*, dis-je, établit à *Athènes* le Temple de *Vénus* la proſtituée, ou de l'amour impudique. *Toute* la Grece étoit pleine de Temples conſacrés à ce Dieu, & l'amour conjugal n'en avoit pas un dans tout le pays. Cependant ils déteſtoient l'adultere dans les hommes, & dans les femmes la ſociété conjugale étoit ſacrée parmi eux. *Mais* quand ils s'appliquoient à la religion, ils paroiſſoient comme poſſédés par un eſprit étranger, & leur lumiere naturelle les abandonnoit. La gravité Romaine n'a pas traité la religion plus ſérieuſement, puiſqu'elle conſacroit à l'honneur des Dieux les impuretés du théâtre & les ſanglants ſpectacles des Gladiateurs, c'eſt-à-dire, tout ce qu'on pouvoit imaginer de plus corrompu & de plus barbare. Mais je ne ſçais ſi les folies ridicules qu'on mêloit dans la religion n'étoient pas encore plus pernicieuſes, puiſqu'elles lui attiroient tant de mépris. Pouvoit-on garder le reſpect qui eſt dû aux choſes divines, au milieu des impertinences que contoient les fables, dont la repréſentation ou le ſouvenir faiſoient une ſi grande partie du culte divin ? Tout le ſervice public n'étoit qu'une continuelle profonation, ou plutôt une dériſion du nom de Dieu ; & il falloit bien qu'il y eût quelque puiſſance ennemie de ce nom ſacré, qui ayant entrepris de le ravilir, pouſſât les hommes à l'employer dans des choſes ſi

méprifables , & même à le prodiguer à des
fujets fi indignes.

Voici ce que dit Rouffeau. Point de
comparaifon, je vous prie , car ceci eft
le plus beau morceau de profe que je
connoiffe en Français » *Jettez les yeux
fur toutes les nations du monde, dit Rouffeau , parcourez toutes les hiftoires. Parmi
tant de cultes inhumains & bifarres , parmi
cette prodigieufe diverfité de mœurs & de
caracteres, vous trouverez par-tout les mémes
idées de juftice & d'honnéteté , par-tout les
mémes notions du bien & du mal. L'ancien
paganifme enfanta des Dieux abominables
qu'on eût punis ici bas comme des fcélérats ,
& qui n'offroient pour tableau du bonheur
fuprême , que des forfaits à commettre &
des paffions à contenter. Mais le vice ,
armé d'une autorité facrée, defcendoit en
vain du féjour éternel , l'inftinct moral le
repouffoit du cœur des humains. En célé-
brant les débauches de Jupiter , on admiroit
la continence de Xénocrate ; la chafte Lucrece
adoroit l'impudique Vénus ; l'intrépide*

Romain sacrifioit à la peur; il invoquoit le Dieu qui mutila son pere, & mouroit sans regret de la main du sien; les plus méprisables Divinités furent servies par les plus grands hommes. La sainte voix de la nature, plus forte que celle des Dieux, se faisoit respecter sur la terre, & sembloit reléguer dans le ciel le crime avec les coupables.

Voici ce que je dis : » Il n'y a dans ce moment-ci en France aucune apparence de fanatisme ; c'est le siecle des lumieres, de la maturité & de la raison; mais le germe du fanatisme y existe toujours, comme il existe par-tout où il y a des hommes & une religion. C'est au Gouvernement à le surveiller & à le repousser quand il menace de paroître, mais sur-tout à en détourner les peuples en fixant leur attention sur la Patrie entiere, & en portant leur principal intérêt sur l'ensemble de l'état, où la religion ne s'apperçoit alors que comme devant toujours y tenir une place circonscrite, & y avoir un caractere paisible & conciliant.

Ce font les Gouvernements vicieux qui livrent les peuples au fanatifme ; tandis que les Gouvernements raifonnables & grands abforbent tous les attachements partiels, & donnent aux citoyens cette jufte mefure, qui détermine tous leurs mouvements dans la chofe publique, pour l'avantage général du pays. Sans doute qu'avoir une bonne religion eft un grand bien pour un peuple ; mais ce n'eft pas la religion, foit bonne, foit mauvaife, qui a les plus grands effets fur l'exiftence d'un état. Son Gouvernement politique, fes Loix, & fa Milice, font ce qui détermine fes avantages. Cette vérité eft prouvée par des exemples de tous les fiecles. Les anciens avec une religion infâme qui confacroit des exemples affreux, qui préfentoit à la vénération des Divinités fouillées des plus grands crimes, les anciens peuples font parvenus à la plus grande force publique qu'il foit poffible d'acquérir ; parce que l'excellence des Gouvernements, autant que le bon naturel des hommes,

repouſſoient chez eux des cœurs des citoyens, les influences de leurs ſcanda-
leuſes & révoltantes religions, pour n'y
laiſſer d'accès qu'aux ſentiments ſociaux
& aux vertus patriotiques. Les Loix dé-
tournoient les regards des hommes des
forfaits des Dieux pour ne les pénétrer
que de leur puiſſance ; & c'eſt en vain
qu'on conſacroit les égarements des Héros, le peuple dirigé par ſes bonnes inſtitutions, n'étoit ſenſible qu'à leurs vertus.
C'eſt le génie d'un peuple, ce ſont ſes
mœurs, qui doivent former ſon Gouvernement ; mais ce premier ouvrage une fois
fait & bien aſſemblé, c'eſt le Gouvernement qui forme à ſon tour le peuple, indépendamment de la religion, qui ne fait
que concourir à ſa diſcipline.

Le rapprochement de ces trois fragments vous prouve qu'avec l'air de dire
les mêmes choſes, avec les mêmes expreſſions, on peut porter trois ſentiments différents, & faire des effets ou divers ou contraires. Le morceau de Boſ-

ſuet eſt plein de nerf & de gravité , mais il ne conclud pas : il n'explique point pourquoi les Païens avec leur mauvaiſe religion firent de ſi grandes choſes , & pourquoi avec leur excellente religion les Chrétiens en ont fait de ſi petites. Il ſe borne à attribuer tant d'erreurs à cet eſprit qu'on appelle de ténebres. Le morceau de Jean-Jacques Rouſſeau entraîne : il eſt ſolide , brillant, harmonieux, plein d'imagination. L'antitheſe pouſſée à ſon plus haut point, y donne un jeu que Boſſuet ſemble avoir ſenti & dédaigné dans le ſien. Mon paragraphe eſt ſimple, net, précis, la raiſon y eſt apparente : l'Auteur y eſt caché ; il perſuade autant qu'il convainc , on peut le préférer à celui de Boſſuet , on peut le lire encore après celui de Rouſſeau: je penſe que c'en eſt aſſez. Rouſſeau lui-même n'a que trois ou quatre pages de cette grande beauté, & je devois ſur-tout éviter d'avoir l'air de lutter avec lui.

Voilà ,

Voilà, Monsieur, tout ce que je puis ajouter à mon apologie. Je devois, après avoir
travaillé, autant qu'il étoit en moi, à vous
donner de bon or, je devois travailler auffi
un peu à démêler avec vous l'oripeau qu'on
nous étale de tous côtés ; je devois, après vous
avoir offert d'un vin nourriffant qui ranime,
& qui reftaure, vous faire fentir le danger
d'ufer de ceux qui enivrent , & qui éner-
vent. Je crois ma tâche remplie à cet égard.
C'eft avec regret, c'eft par néceffité que j'ai
parlé ainfi de moi : je defire n'y plus revenir ; & ne m'occuper déformais avec vous ,
que d'objets patriotiques & généraux. Cicé-
ron eft monté trois fois dans la tribune pour
fe juftifier d'avoir délivré Rome de Catilina;
& c'en étoit affez pour une caufe perfonnelle; mais Démofthene a invectivé onze fois
contre Philippe devant les Athéniens. L'ar-
deur à combattre les brouillons doit augmen-
ter en raifon de leurs entreprifes, doit être
infatigable comme leur malice. Il ne fera pas
dit que fous prétexte de détruire quelques
abus, on aura tout confondu & tout renverfé,
& que toute la France aura gardé le filence.
Il ne fera pas dit que la France aura, fans
que perfonne ait réclamé, vu divifer, amoin-

H

drir l'autorité qui la régit, cette autorité qui, en maintenant chez elle la paix, la rend si redoutable aux nations étrangeres. Il y a chez nous quelques abus à corriger, sans doute; mais, croyez-moi, n'allons pas pour cela tout ébranler & tout abattre. Donnons-nous le temps de nous reconnoître : considérons que nous sommes dans ce moment trop émus & trop agités pour prendre de bons partis. Celui qui est tourmenté par quelqu'e passion, doit attendre d'être calmé pour agir. Rien ne nous presse. Nous existons depuis quatorze siecles ; nous pouvons bien encore passer dix ans comme nous sommes, sans un extrême inconvénient. Mais sur-tout respectons nos grands établissements. M. de Breteuil fait bénir son ministere & son nom en travaillant à la salubrité & à la commodité de la Capitale, en débarrassant les Marchés, les Ponts & les Quais, en démolissant des Masures, mais il respecte les Monuments, il n'attaque pas le Louvre.

J'ai l'honneur d'être, &c.

# QUATRIEME LETTRE

## DE L'AUTEUR

## DU MODE FRANÇOIS.

# QUATRIEME LETTRE

### DE L'AUTEUR

## DU MODE FRANÇOIS,

*Où il traite de l'influence du tiers-état sur les événemens politiques, & où il montre combien il est important de lui conserver ses prérogatives.*

---

SOUVENT, Monsieur, ce qui n'est que juste n'est pas politique ; quelquefois ce qui n'est que prudent n'est pas politique; & presque jamais ce qui est violent n'est politique.

Qu'est-ce donc précisément que la politique ? Je crois que tout le monde doit être d'accord que la politique est l'art de combiner la juſtice avec la prudence dans le gouvernement d'un peuple, en ayant ſoin d'être toujours pourvu de force, ſans être jamais obligé de l'employer.

Il réſulte de cette vérité qu'un bon politique doit toujours avoir pour lui le plus grand nombre, d'abord parce que cela eſt juſte, enſuite parce que cela eſt prudent, & enfin parce que c'eſt un moyen ſûr d'être toujours le plus fort.

Il réſulte encore de cette définition, que la marche de la politique ne doit jamais être abſolue, qu'il faut qu'elle ſoit toujours compoſée de pluſieurs objets déterminans, & qu'enfin un bon politique doit être non-ſeulement juſte & magnanime, mais encore prudent & adroit, & avoir toujours pour lui la force, comme on l'a pour bien diſ-poſer de ſoi, & non pour ſe violenter & pour ſe nuire.

D'après ces principes, il eſt évident que preſque aucun des miniſtres qui depuis dix ans ont coopéré à notre gouvernement, n'a été bon politique; parce qu'ils n'ont tous eu en vue qu'un feul objet d'ordre, dont ils fe font infatués, fans le faire correfpondre avec les autres parties de la chofe publique, & fans mettre eux-mêmes dans leur conduite les combinaifons qui pouvoient les mener à leur but.

Oh! qu'aifément en adminiftration l'on eft trompé par l'apparence du bien, lorf-qu'on néglige d'étendre fes regards à tout. On forme des projets excellens au premier afpect: on les entame avec célérité: on les fuit avec vigueur: on ne fauroit trop tôt jouir du bien qu'ils doivent procurer: à peine font-ils achevés qu'on découvre qu'il n'en réfulte que du défordre & des abus. On étoit parti pour le Levant: faute d'avoir cal-culé la force des courans, on fe trouve échoué bien avant dans le Septentrion. Ces dernieres années de notre hiftoire ne nous fourniffent que trop d'exemples de ces éga-remens miniftériels.

On flatte les peuples de les affembler, & par la compofition de ces affemblées, on les repouffe vers le régime féodal. On veut ranimer l'agriculture, & par la maniere dont on y procede, on tend à nous ramener à la barbarie. On dit qu'on veut prévenir le defpotifme, & l'on porte atteinte à la fouveraineté. On cherche à balancer la puiffance, & l'on ouvre la porte à mille tyrans. On imite la tactique des étrangers qui n'ont point un efprit national, & l'on nous met à la merci des étrangers en bleffant notre efprit national & en nous montrant des maîtres dans nos ennemis. On diminue, fous prétexte d'épargne, les troupes de la maifon du roi, on parle de donner la garde du roi & celle des villes aux troupes de l'armée, & l'on change ainfi notre gouvernement civil, qui eft fûr & tranquille, en un gouvernement militaire qui eft plein de trouble pour le peuple & de rifque pour le monarque. De prétendus philofophes veulent détruire tous les préjugés, & ils rappellent tous les préjugés en ôtant fa force au gouvernement, feul capable d'anéantir les préjugés par fa puiffance, quand ils commencent à être ébranlés par la raifon. On voit tous les ordres de l'État

en mouvement, s'occuper à changer de place, & à se déranger, tandis qu'un ordre
qui ne se dérange jamais s'occupe à remplir
les places vuides, & qu'on sera tout surpris,
après le calme remis, de le trouver à la tête
de tout avec plus d'autorité & de crédit
qu'il n'en a jamais eu, & ayant regagné dans
la politique tout ce qu'on a eu l'air de vouloir lui faire perdre d'ailleurs. Tout cela se
passe peut-être sans malice de la part de
ceux qui y coopérent, peut-être sans
qu'ils s'en apperçoivent ; mais parce qu'ils
ne fixent qu'un seul objet, & qu'ils ne met-
tent aucune combinaison politique dans les
projets qu'ils embrassent.

Lorsque M. de Calonne, pour faire abolir
les privileges, eut assemblé cent quarante
privilégiés, il vit bientôt combien il s'étoit
éloigné de son but, à la guerre affreuse qu'on
lui livra. Prêt à périr, il voulut trop tard
appeller le peuple à lui par un manifeste
qu'il entreprit de faire distribuer. Les cent
quarante firent arrêter son manifeste, récla-
merent l'appui de l'autorité, dirent qu'on

vouloit les faire égorger par le tiers-état ; & ils manœuvrerent si bien, qu'ils firent renvoyer le ministre en l'assaillant par d'autres côtés qui ne prêtoient en effet que trop à leurs attaques.

C'est ainsi que ceux qui veulent faire triompher à toute force les prétentions de leur parti, crient à l'insolence, à l'insulte, au trouble, au meurtre, dès qu'on veut arrêter leurs progrès. Les uns disent : » Doit-on se défier de l'église, & n'y a-t-il pas la plus grande témérité à en mal penser ? Les autres : » Doit-on prendre des précautions contre la noblesse, & n'est-ce pas offenser cet ordre délicat que de ne pas croire en tout tems à ses bonnes dispositions ? D'autres pourroient dire aussi : » Doit-on penser qu'il puisse y avoir des rumeurs populaires ? Tous pourroient prétendre qu'il faut attendre qu'on ait de justes sujets de plainte contre leur ordre avant de lui imposer des regles qui le restraignent ; mais tout cela n'est qu'un raisonnement de parti auquel un gouvernement sage n'a aucun égard. L'ordre ne désoblige que les brouillons. Les précautions qui tendent à assurer la tranquillité commune honorent même ceux aux dépens de qui on les prend. Et les gens de bien donnent volontiers contre eux-mêmes des sûretés pour le maintien des différens droits entre concitoyens & pour la paix de l'État.

En matiere criminelle, il est très-vrai qu'on ne doit jamais présumer le mal. Une justice qui, sous prétexte de le prévenir, inquiéteroit les citoyens, seroit une odieuse inquisition. Il faut au contraire que le mal soit consommé & bien prouvé pour que la justice l'atteigne de sa froide & punissante main. Mais la politique doit connoître tous les maux, & savoir d'avance les éloigner & les conjurer. Tout son artifice consiste presque à prévenir; & déja tout est prêt d'être irréparable, lorsqu'elle est réduite à réparer.

Pour entretenir le bon ordre & prévenir l'anarchie, il importe donc que toutes les parties de la chose publique ne pesent pas plus qu'il ne faut les unes sur les autres, & qu'elles ne prennent pas chacune aux dépens

des autres un accroiſſement qui nuiſe au tout.
Un gouvernement attentif à prévenir ces em-
piétemens, & qui a la force néceſſaire pour
les empêcher, eſt un gouvernement bien
pondéré, eſt un gouvernement auſſi reſpecté
au-dehors que chéri au-dedans, eſt un gouvernement eſtimé même de ceux qu'il contrarie ; car c'eſt le propre de la raiſon de
ſubjuguer les hommes ſans les offenſer.

Ainſi donc ſi je diſcute ici les dangers de
la diſproportion entre les ordres, c'eſt parce
qu'il eſt bien certain que les précautions
politiques ne ⬤vent ni déshonorer, ni
amoindrir aucu⬤ d'eux, & qu'au contraire
on les met dans toute leur valeur, en les
appliquant aux choſes auxquelles ils ſont
propres, & en prévenant les abus auxquels
ils ſe livrent, lorſqu'ils veulent outrer leurs
privileges.

En examinant, ſous ce point de vue, l'ancienne diviſion du royau⬤ en trois ordres,
dont le premier étoit ⬤ergé, le ſecond
la nobleſſe, & le troiſieme le tiers-état,
je vois un partage barbare & abſolument

relatif à un syſtême déſaſtreux de gouvernement, ſyſtême d'ailleurs tout-à-fait détruit quant à ſon exiſtence politique.

Je vois dans nos premiers tems le clergé, ſeul de tous les magiſtrats, paroître pour ſes offices au premier rang, parce qu'en effet le ſacerdoce a été long-tems la ſeule magiſtrature en activité dans nos tems d'anarchie & de malheur. Je vois la nobleſſe dignitaire & la nobleſſe propriétaire ſe placer bénignement au ſecond rang, je ne ſais pas trop pourquoi, & je crois inutile de l'approfondir ici. Je vois enfin le troiſieme rang, occupé par le tiers-état, compoſé des habitans libres des villes, dont on voulut pendant quelque tems ſe paſſer, mais qu'on fut enfin obligé d'appeller dans les grandes délibérations, parce qu'on finit par ſentir que ſans eux elles manqueroient de ſanction, qu'elles n'auroient point un caractere public, & pourroient être contrariées dans leurs effets.

Mais je ne vois dans tout cela rien que de relatif à un gouvernement imparfait & ſouffrant, à un gouvernement qui étoit toujours dans le trouble, les diſſenſions, les ravages; parce qu'il étoit contraire à l'eſprit national & au droit commun des peuples. Et j'en conclus qu'un réglement qui porte ſur un abus démontré, ne doit plus exiſter après que l'abus a été retranché, aboli, ſupprimé avec exécration.

Et en effet, en examinant par ſon côté politique l'ordre du clergé, on le voit comme gérant une des parties eſſentielles de la diſcipline publique, & richement doté pour cet exercice. On le voit par des cérémonies continuelles & ſous des habits pompeux, toujours en évidence devant les peuples. On le voit raſſembler tous les citoyens de ſept en ſept jours au ſon bruyant des cloches, ſous des bannieres, & dans des édifices publics dont il diſpoſe. On lui voit ſur les eſprits une influence conſidérable par l'habitude du reſpect dû aux choſes ſaintes, par le conſeil, & enfin par la richeſſe & par la dépenſe. On le voit par ſon grand loiſir en butte à toutes les vues d'ambition, & à la paſſion de dominer, ſi naturelles aux hommes tranquilles. On le voit par ſes offices à l'abri de

tous les troubles publics, & ne rifquant jamais rien que de ne pas réuffir dans tout ce
qui lui plaît d'ofer. On jugera, certes, qu'en
voilà bien affez pour cet ordre. Il n'y aura
jamais, je crois, aucun bon adminiftrateur
qui ofe lui attribuer une plus grande puiffance, & le mêler dans l'impôt, dans la
juftice, dans le militaire, dans la politique.
Ces confidérations rameneront toujours à le
circonfcrire dans fes fonctions, quand bien
même il feroit venu à bout d'en fortir par
quelque circonftance extraordinaire, ou par
quelque défaut de furveillance de la part de
l'adminiftration.

A l'époque de 1786, on en étoit venu
au point que les chofes étoient à-peu-près,
bien à l'égard du clergé. Il étoit renfermé
dans fes fonctions. Il s'occupoit des fciences
& de la piété. Il regardoit comme fuffifant
pour lui l'emploi important d'entretenir le
culte public, & de porter les hommes à l'hon-
nêteté par les moyens que fournit la religion.
Il n'avoit aucune influence fur les affaires des
particuliers, ni fur les affaires publiques. Ad-

mis dans quelques compagnies, il ne pouvoit pas y paſſer un nombre fixé, & il n'y poſſé-doit jamais de dignité. Et cet ordre n'avoit aucune raiſon de s'en plaindre, parce qu'il a ſes dignités auxquelles les autres magiſtrats ne ſont point admis, & qu'enfin il ne faut pas confondre & compliquer les ſervices. Telle étoit la tranquillité de cet ordre de-puis pluſieurs ſiecles. Elle étoit le fruit de l'attention continue, & des ſoins éclairés d'un gouvernement plein de ſageſſe & de longanimité. Toute la France en étoit ſatis-faite ; & le clergé lui-même paroiſſoit re-connoître d'une commune voix, la juſtice d'un arrangement auſſi conforme à l'eſprit de paix qui lui convient.

Si les choſes n'ont pas toujours été ainſi, & ſi nous recherchons ce qui dans nos pre-miers âges avoit donné chez nous tant de prépondérance à l'ordre eccléſiaſtique, nous trouverons que c'eſt parce que le clergé a été d'abord un ordre populaire, une vérita-ble municipalité. Le peuple concouroit à l'é-lection des évêques & des dignitaires. Le

clergé étoit absolument dans le peuple.
Les ecclésiastiques , qui étoient en très-
petit nombre , étoient des personnes du
peuple que leur science & leur piété élevoient au ministere des autels. Le peuple
vivoit avec eux. Les personnes les plus
considérables du peuple imitoient la maniere
de se vêtir des prêtres , alloient jusqu'à porter
les mêmes couleurs. Les gens d'affaire étoient
des clercs. Cette identité des deux ordres
donnoit au tiers-état dans les assemblées publiques sa juste prépondérance : parce qu'indépendamment de sa voix, il avoit celle du
clergé, ou , pour mieux dire, celle du clergé
étoit la sienne. Depuis le concordat de François I<sup>er</sup> & de Léon X , le roi nommant à
toutes les hautes dignités du clergé, la noblesse s'en trouve absolument en possession.
Il est très-rare d'y voir parvenir le tiers-
état : & nous ne le trouvons pas mauvais ,
pourvu qu'il n'y ait point d'exclusion absolue. Mais personne ne peut disconvenir que
cette nouvelle disposition ne change absolument l'état des choses ; & il est évident que

le peuple n'a plus aujourd'hui aucun intérêt à voir le clergé former à lui seul un ordre dans sa composition.

Tour-à-tour le clergé a pris des formes diverses pour obtenir le suffrage des peuples. D'abord il leur a été agréable par une simplicité parfaite dans ses plus hautes dignités. Ensuite il a acquis une autre sorte de considération par la magnificence de ses dignitaires. L'institution des chanoines l'a consolidé en multipliant les liens dans les familles. Dans un autre tems, l'institution des grands moines lui a fait beaucoup obtenir des peuples. Les mendians, les clercs réguliers ont aussi eu leur moment de faveur. Aujourd'hui c'est le tour des curés. Les curés qui nagueres n'étoient rien dans l'église, en sont à présent, & avec justice, les officiers les plus accueillis. Certainement, nos curés sont utiles, & font beaucoup de bien. Mais faut-il pour cela en changeant leur condition, les mettre dans le cas de changer leurs mœurs. Mais tandis qu'on forme de hautes assemblées où l'on appelle les évêques à la présidence,

préfidence, faut-il que les curés, par une difpofition inouie jufqu'à préfent, fe trouvent
préfider dans prefque tous les villages l'affemblée paroiffiale relative à l'impôt ? Quelle
autorité nouvelle on donne par-là au clergé ;
& quel renverfement inconfidéré de toute
politique, dans les premieres affemblées nationales qui font l'élément de toutes les autres ! Ne paroît-il pas évident que c'eft livrer le gouvernement de la France entiérement à l'églife ?

Le peuple a porté le clergé fous Clovis
& fous Charlemagne, & a fait tout régler
en France par cet ordre à ces deux époques,
& l'on en a vu les raifons. Sous Hugues-Capet le peuple a laiffé là le clergé, & a porté
à leur tour les grands : & les grands ont
difpofé de tout fous les premiers rois de
cette race : depuis Louis II c'eft le peuple
qui paroît par-tout, felon fon droit, foit
par lui-même, foit par les parlemens ; & il
n'eft pas inutile de remarquer que jamais
nos grands n'ont été plus grands que depuis
cette époque, parce que c'eft l'effet naturel

B

de l'aggrandissement du peuple d'élever toujours davantage ceux qui se trouvent à sa
tête. Quand au clergé, il n'a eu, comme de
juste, aucune existence politique depuis cette
époque, & en conséquence nos états-généraux sont tombés en désuétude, faute d'une
composition conforme à l'état des choses,
& au droit commun.

   Oui, M. c'est l'intervention du clergé au
premier rang qui a fait tomber les états-
généraux. Le peuple a mieux aimé les déci-
sions d'un gouvernement impartial que celles
d'assemblées visiblement partiales, & où les
principaux votans avoient un intérêt ou contraire au sien, ou divers. Les tems sont changés : l'église qui jadis avoit besoin du peuple fait aujourd'hui un corps bien distinct,
qui a de la force par lui-même, & qui ne
travaille plus que pour lui. Son expulsion des
affaires étoit l'effet d'un vœu bien constant &
bien éclairé de la part du peuple, & de la
part du gouvernement : & les innovations à
la faveur desquelles on veut le rappeller dans
l'administration du royaume, ne tendent qu'à

faire renaître des troubles, à diminuer l'autorité du roi, à bleffer la liberté des peuples & à rompre l'équilibre de la chofe publique.

Que réfulte-t-il du rôle qu'à joué le clergé fous Clovis & fous Charlemagne, de celui qu'à fait la nobleffe fous Hugues-Capet ? Rien du tout quant au droit. Tout a été relatif aux circonftances, & le droit commun du peuple François exifte indépendamment d'elles. C'eft donc dans le droit commun qu'il faut chercher une regle conftante, & non dans une poffeffion qui a varié. Il ne pourroit rien réfulter non plus du rôle que joue le peuple depuis Louis II , fi fa prééminence n'étoit pas en effet conforme non-feulement au droit public des François, mais au droit public de tous les tems, de tous les lieux, & de tous les peuples.

J'en conclus que fi l'on compofe des états-généraux, il eft devenu néceffaire non pas d'en retrancher tout-à-fait le clergé, mais d'appeller avec lui dans la premiere divifion toutes les autres magiftratures pour l'y ba-

lancer, de forte qu'il ne forme que la cin-
quieme partie de ce premier rang, auquel
les ducs, les maréchaux de France, les miniftres, les préfidens, paroiffent avoir encore
plus de droit de fe montrer que le clergé.

Une des caufes de la ruine de l'empire
Grec a été la trop grande influence du clergé
dans les affaires; & cependant il étoit encore
plus citoyen que le nôtre, puifque le ma-
riage permis aux prêtres dans cette commu-
nion le lioit d'autant plus à la chofe publique; mais la balance politique une fois rompue, tout eft entraîné, tout fe précipite dans
le défordre & dans l'oppreffion.

Prenons une fleche dans le carquois des
brouillons pour la leur lancer. M. d'Argenfon, celui fur lequel ils fe fondent pour tout
détruire; M. d'Argenfon dans fon livre d'inftitution, veut que tous les juges eccléfiaftiques foient remplacés par des laïcs, *l'efprit de l'églife*, dit-il, *n'étant pas que ceux
revêtus du caractere facré de la prêtrife fe livrent aux foins des affaires féculieres & tem-
porelles.* Je ne penfe point comme M. d'Ar-

genfon, & je crois que les eccléfiaftiques feront toujours très-bien dans les tribunaux, pourvu qu'on les y tienne en très-petit nombre; & fi je cite ici M. d'Argenfon, c'eft pour montrer à ceux qui s'en autorifent, que toute indigérée qu'eft fa politique, on la trouveroit encore en mille endroits contraire à leurs prétentions. Parce que M. d'Argenfon, n'a été qu'un bel-efprit fans profondeur, qui brouilloit fans deffein de nuire.

Camoëns, qui étoit un autre homme, & dans un autre genre que M. d'Argenfon, difoit à Sébaftien, roi de Portugal: *Ne prenez confeil que de miniftres qui joignent une parfaite probité à une longue expérience. Releguez au pied des autels ceux qui doivent en foutenir le culte; & ne permettez pas qu'entraînés par une vaine ambition, ils troublent votre peuple en voulant le le gouverner. Leur devoir eft de lever les mains vers votre divin Maître, & d'implorer pour vous fon éternelle fageffe: toute autre occupation eft un crime chez eux.*

Je n'adopte point en tout les sentimens
de Camoëns, cet oracle du Portugal ; mais
je montre en le citant, que les principes que
je développe ont déjà retenti plus d'une fois
parmi les nations éclairées. Je n'ai aucune
prévention contre le clergé ; & en particulier j'ai peu connu d'ecclésiastiques que je
n'aie respectés & chéris. Mais pour le général il faut savoir s'arrêter à leur égard à un
point convenable de sagesse, de justice &
de saine politique. Nous trouvons avec plaisir dans un ecclésiastique un parent, un ami,
un concitoyen, un homme instruit, quelquefois un homme capable d'être utile à la patrie, soit comme ministre, soit comme am-
bassadeur, soit comme juge ; mais toute cette
opinion, nous l'arrêtons à la personne : nous
réduisons l'office à l'office. Nous pensons
cela de tel ou de tel du clergé ; mais il n'y
a personne qui ne doive convenir qu'il seroit
insensé d'appeller tout l'ordre, sous prétexte
de mérite, à des fonctions qui ne le regardent point en effet. Le clergé nous a fourni
d'excellens administrateurs. De cet ordre est

forti un Richelieu, un d'Offat, un d'Amboife. Suger étoit moine. Cela ne prouve que pour ces perfonnages & pour d'autres qui peuvent les valoir, mais rien pour les eccléfiaftiques, comme eccléfiaftiques. Ceux que je viens de citer penfoient même de leur ordre, ce que nous en penfons, & perfonne ne l'a plus renfermé dans fes fonctions que Richelieu. Ou il faut renoncer à toute politique, laiffer tout rentrer dans le cahos & dans l'anarchie, ou il faut avouer que ce doit être là un des premiers foins d'un gouvernement prudent.

Ce que je dis ici de l'ordre facerdotal, je le dirois également de l'ordre militaire, fi cet ordre vouloit étendre fon influence fur les autres parties de la chofe publique. Je n'en parle point, parce que les circonftances n'y donnent pas lieu. Mais il paffera toujours pour certain qu'on ne doit en bonne politique mêler aucune autre fonction à celle de ces deux ordres. L'un a trop d'influence par la confiance, l'autre en a trop par la force, & il eft évident qu'il en réfulteroit trop de puiffance & trop d'abus.

Après avoir vu le clergé sous toutes ses faces, si nous venons à examiner notre noblesse qui étoit en possession de siéger, comme ordre particulier, dans nos anciens états-généraux, nous trouverons ici un droit mieux établi, non plus celui d'un office, mais celui d'une propriété transmise de race en race par héritage & par succession, droit qui est un des principes fondamentaux de tous les états. Sous ce point de vue nous devons convenir que si ce droit peut avoir quelqu'existence, c'est sur-tout pour l'ordre de la noblesse. Mais nous voyons avec plaisir qu'en attaquant la partie de ses privileges qui est appuyée sur un système de gouvernement imparfait, nous lui en donnons davantage sous un système de gouvernement équitable & grand, & que tout en prenant l'intérêt du peuple, nous trouverons avoir parfaitement défendu celui de nos grands.

Je n'ai rien à vous ajouter ici, M. à ce que j'ai dit dans mon discours sur les usages, des inconvéniens & des avantages de la noblesse. Il suffit qu'elle existe, & par le fait du gouvernement en ce qu'elle en eſt reconnue, & par le bénéfice de l'opinion publique, en ce que le peuple, par une abondance de grace également pleine de nobleſſe, aime à reconnoître dans les enfans le mérite de ceux qui l'ont illuſtré.

Auſſi la prééminence de la nobleſſe eſt-elle dans toute ſa pureté, lorſqu'elle eſt accordée librement, & ſans le concours d'aucune autorité. Et en effet, la conſidération qu'on lui donne, tient à la politeſſe & non au devoir. La nobleſſe eſt une diſtinction & non une ſupériorité. C'eſt une groſſiéreté à un citoyen de refuſer à la nobleſſe polie quelque avantage en ce qui dépend de lui, & non une injuſtice. Jamais le noble ne jouit avec plus d'étendue de ſon élévation, que lorſqu'il la poſſede du conſentement des autres. La perfection de cette diſtinction eſt d'être accordée par la bonne volonté. Dès qu'un noble devient inſultant, incommode, exigeant, on compte bientôt avec lui : on le renvoye à l'exercice ſtrict de ſon privilege, & l'on réduit à rien ſa prérogative dans la société. Ce trône fragile, construit sur l'opinion, s'écroule dès qu'elle vacille. Il faut que le noble en revienne toujours à agréer, pour jouir pleinement. Et c'est, comme je l'ai dit, ce qui porte la noblesse de France à mériter, ce qui en fait la noblesse la mieux disciplinée & la plus excellente du monde.

Mais cette grande distinction n'est accordée qu'à cette noblesse ancienne, dont l'origine s'enfonce dans la nuit des tems, & qui se montre à la génération présente toute chargée d'illustration & de services : ou bien à celle qui plus moderne, sort d'une souche si brillante, que l'abondance de la gloire équivaut alors, comme je l'ai dit ailleurs, à l'antiquité de la gloire. Nous avons quatre ou cinq cens races de cette qualité, dont les chefs sont les plus grands seigneurs du monde connu. Ils priment tous les nobles de l'univers, & par l'ancienneté, à cause de l'ancienneté du royaume ; & par les dignités, à cause de l'éclat de la nation qui réhausse d'autant plus l'éclat de ses dignitaires ; & par la publicité, à cause de l'autenticité de nos actes, de la beauté de notre langue & de l'élégance de nos noms aisés à retenir & à répéter ; & par la notoriété étrangere, à cause de notre position & de notre influence sur les autres peuples, qui ayant tous nécessairement les yeux attachés sur nous, font de notre France le plus beau théâtre où puissent se développer les grandeurs humaines.

C'est cette noblesse qui est si incontestable & si élevée, qu'elle devient supérieure a tout préjugé, c'est elle qui est vraiment chere à la nation, c'est elle qui aime la splendeur du tiers-état & dont le tiers-état aime la splendeur : c'est cette noblesse enfin qui est notre noblesse nationale, qui est la vraie noblesse Françoise. Tout le reste de la noblesse obscure, ou de la noblesse acquise, qui est sans illustration & sans possession de grande Terre, n'est censé que du tiers-état. Elle est bonne cette noblesse pour faire appeller de préférence aux places ceux qui la possedent & qui y joignent le mérite. Ce

qui eſt très-ſage ; car enfin , il faut bien que
la choſe publique ouvre aux enfans des
profeſſions analogues à celles de leurs peres,
quoique ſans excluſion ; & il ſeroit contre
l'ordre que tous les citoyens tendiſſent aux
dignités.

Si donc , lors de la compoſition des états-
généraux , notre monarque prenoit le ſage
parti d'appeller dans la premiere claſſe ,
tous les magiſtrats ſupérieurs , y compris
les eccléſiaſtiques , on voit que cette claſſe
ſeroit toute compoſée en effet de nobles ,
que notre haute nobleſſe s'y verroit toute
compriſe , & que s'il s'y trouvoit par
aventure quelques roturiers , il ſeroit juſte
de les y laiſſer , le grand mérite qui eſt
cenſé les avoir élevés aux places , leur donnant droit à toutes les diſtinctions. Ces
exemples rares , loin de nuire aux avantages de la naiſſance , les rendent plus chers
& plus authentiques : ils conſacrent les droits
de la nation , & font d'autant plus regarder
la vertu comme le partage de la nobleſſe ,

qu'ils montrent l'éminente vertu avec toutes les diftinctions de la nobleffe.

Que fi par le plus grand des hafards il fe trouvoit un Montmorenci , un Nefle , un Châtillon , un Sully , un Colbert , un Molé qui n'eût ni dignité , ni propriété fuffifante pour entrer aux états , je crois alors que la propriété de fon nom devroit fuffire pour le faire admettre à l'affemblée nationale dans l'ordre des propriétaires. Mais je mets en fait que ce cas eft prefqu'impoffible , par les grandes facilités qu'ont tous nos grands de fe placer avantageufement.

En traitant ainfi la prérogative de la no-bleffe dans une affemblée générale , je crois que les magiftratures y gagneront , que l'autorité ceffera d'y perdre. Les nobles y verront leurs droits confolidés , & leur il-luftration confacrée ; & tout le peuple y trouvera une ordonnance conforme à fes opinions. Au lieu qu'en redonnant une exif-tence au clergé comme clergé , & à la nobleffe comme nobleffe , on rappelle tous les inconvéniens que le fyftême ancien avoit contre le peuple, en jouiſſant des ſacrifices que la juſtice du ſyſtême nouveau a obtenu de lui : ce qui eſt inſoutenable & auſſi contraire à l'autorité du roi qu'à la liberté publique. Paſſons au tiers - état, qui eſt l'ordre pour lequel perſonne jamais ne réclame, puiſqu'il n'a point de penſions, point d'emplois à donner, qu'il ne parle point dans les appartemens du roi aux gens de la cour pour faire avancer ceux qui le défendent ; mais qui n'en porte pas moins le fardeau de tout, qui n'en forme pas moins le fonds de la choſe publique.

Louis XI, Louis XII, François premier, Henri IV, Louis XIII ont connu le tiers-état, & ont ſu à quoi il étoit bon. Ces princes ſe ſont vus obligés de travailler pour l'acquérir. Mais leurs ſucceſſeurs ayant trouvé tout établi, accoutumés à voir tout rouler ſans inconvéniens, toujours entourés de courtiſans qui ne leur parlent que d'eux, ne ſe laiſſant bientôt plus approcher par des gens du tiers-état, leurs ſucceſſeurs pourroient un jour perdre de vue les droits de cet ordre au grand dommage de l'État & d'eux-mêmes. Je crois infiniment utile que nous en traitions ici enfemble. On parle affez à la cour pour les nobles. L'adminiftration eft criblée d'écrits en leur faveur. C'eft de toutes parts un bourdonnement confus des nobles qui ne laiffe plus difcerner aucune autre voix : & dans le gouvernement, le roi va fe trouver bientôt feul pour le peuple. Puiffe notre entretien retentir jufqu'à ce prince généreux ! & lui prouver que le parti de fon cœur eft auffi celui de la raifon & de la faine politique.

De tout tems il y a eu en France un tiers-état, c'eft-à-dire, une claffe de citoyens libres, propriétaires & maîtres, qui ont voulu être foumis au roi plus directement, & qui ont fu maintenir leur indépendance, & contre les grands vaffaux & contre l'étranger. Quoi qu'en dife M. de Boulainvilliers, jamais les bourgeois de Paris, de Lyon, de Rouen, de Bordeaux, de Marfeille n'ont été ferfs. Ils ont toujours eu des capitulations, des franchifes, des privileges qui les affimiloient aux fimples nobles. Les ferfs dans nos tems féodaux, étoient les cultivateurs difperfés fur les feigneuries, & encore n'étoient-ils pas précifément efclaves. Ils reftoient attachés à la glebe felon de certaines conventions, pour cultiver les terres, tandis que les maîtres de fief alloient à la guerre. Et nos payfans d'aujourd'hui ont peut-être moins d'aifance; mais la liberté, ce premier des biens, leur rend légers des fardeaux fous lefquels on verroit fuccomber des efclaves; les tailles offertes par des citoyens à un grand roi, en paroiffent moins accablantes, & nos terres cultivées par nos mains libres, n'ont plus ni ronces, ni cailloux.

Il eft vrai que le régime féodal ne fut pas plutôt établi univerfellement, que l'on vit les feigneurs exercer des violences fur les ferfs ainfi difperfés & à leur merci. On penfe bien que les conventions qui affuroient à ces ferfs leurs femmes, leurs filles, leurs propriétés, étoient continuellement violées par ces barbares, ennemis de toutes difcipline.

cipline. Mais au milieu de ce renverſement
entier de tous les droits humains, la France
fournit encore une preuve de cet amour
primitif pour le droit des gens, pour la
juſtice, pour la liberté. Nos paladins pa-
rurent. Mille & mille guerriers ſe vouerent
ſous le nom de chevaliers errans, au ſoutien
de l'innocence & de la foibleſſe perſécutée.
Ils voloient par-tout où le cri de l'oppreſſion
leur annonçoit la préſence de la tyrannie.
Ils aſſiégeoient les châteaux, faiſoient ouvrir les priſons, forçoient au combat ces
ſeigneurs intraitables, & puniſſoient par les
armes des barbares qui abuſoient du droit
des armes. Les courſes, les combats de ces
chevaliers, leurs amours, leurs jeux, leurs
tournois, leurs armures, & juſqu'à leurs
palefrois ou montures, étoient des objets
d'admiration. Leurs faits particuliers nous ont
acquis dans ces tems de ténèbres, un genre
de gloire moins grand que les faits généraux,
mais plus touchant peut-être. Les poëtes
n'ont point manqué de chanter ces fameuſes
expéditions, & les peuples les racontent

encore avec émotion. C'est ainsi que les plus grands abus ont été balancés chez nous par les plus généreuses entreprises ; & que le moment même de notre plus grand abaissement semble n'avoir servi qu'à nous rendre les inventeurs d'un nouveau genre d'héroïsme, fait pour intéresser, & pour étonner à jamais la postérité.

Pendant tout le période de la féodalité, les bourgeois se tenoient clos dans les villes où ils se bornoient à maintenir leurs privileges. Il est vrai que tandis que ce systême étoit dans toute sa fureur, ils n'étoient point appellés aux états-généraux. Mais aussi on ne leur demandoit point de subsides. Cette exemption étoit au rang de leurs franchises. Lorsqu'on a étendu les impôts sur tous les citoyens, il a bien fallu appeller les gens du tiers-état, comme la noblesse. Ils y ont paru sous leurs anciens noms de bourgeois, *burgenses, cives oppidani*, gens des bonnes villes. Il est faux, comme le rapporte M. d'Argenson, que le nom de *doléance* fût propre aux représentations du tiers-état

dans les affemblées publiques. Les repréfentations des trois ordres avoient la même
dénomination. Tout ce qui étoit réfiftance
prenoit un caractere humble , felon notre
fyftême antique de refpect pour nos rois ,
qui nous fait toujours préfumer que leurs
propofitions font juftes & éclairées. C'eft
toujours par les termes de fupplications, de
remontrances , de doléances, de repréfentations, que nous nous excufons d'y déférer,
regardant comme une circonftance malheu-
reufe l'obligation où nous pouvons être de
les difcuter ; tant le vœu primitif du François eft d'être un dans fon roi !

Louis XI, ce prince fi caché, fi taciturne,
fe déridoit à la vue d'un homme du tiers-
état. Son fecret lui échappoit par ce fourire.
Il avoit réfolu d'affranchir les rois de France
de la tyrannie des grands vaffaux : il y eft
parvenu. Il s'eft vanté, felon le langage du
tems, d'avoir mis les rois hors de page : &
il n'y a réuffi qu'en donnant du reffort au
tiers-état. Sans doute qu'il ne lui falloit pas

de confident pour opérer cette révolution ; mais sa joie secrette à la vue d'un bourgeois le décéloit. Elle étoit un trait caractéristique de sa politique ; & l'on aime à en rencontrer de pareils dans l'histoire ; parce qu'ils sont profonds, parce qu'ils développent les hommes & les choses. Le sourire de Louis XI pressentoit le regne de Louis XIV. « Je travaille pour toi, disoit en lui-même le sixieme Valois à la vue d'un homme du tiers-état, ton intérêt est que je sois puissant : le mien est que tu sois heureux : je n'ai rien à craindre de ta part : tu as tout à espérer de moi : tu es mon homme ».

Mais pour maintenir le tiers-état dans son utilité, tous les moyens ne sont pas bons, & il faut que le gouvernement prenne conseil d'une politique sage, fondée sur l'état vrai des choses & sur le droit des gens. Il faut qu'il fasse que la qualité de simple citoyen soit quelque chose : il faut qu'il fasse que le titre de citoyen absorbe tous les autres tittes, & que sans blesser aucune distinction de droit, ce titre, le premier & le plus sacré

des titres, rappelle tous les membres de l'É-
tat à une honnête égalité.

Par exemple, la trop grande facilité des
ennoblissemens est ce qui de nos jours a le
plus nui à la splendeur du tiers-état. Tout
le monde a voulu être noble : on a mieux
aimé être noble qu'honnête homme. On a
vu des gens emprunter pour acquérir des
charges de secretaires du roi ; d'autres faire
des dépenses au-delà de leurs forces pour
passer dans les échevinages ennoblissans :
plusieurs manquer ensuite, & n'être pas hon-
teux d'acquérir ainsi la noblesse aux dépens
de l'honneur, de fouler aux pieds le premier & le plus nécessaire des titres, celui
d'homme de probité, pour le plus vain &
le plus prostitué de tous, celui de petit noble.
Ah ! si nous voulons maintenir le tiers-état
dans son utilité & le royaume dans sa splendeur, ne perdons jamais de vue dans la société & dans le gouvernement, que la premiere des considérations est due aux gens
de probité & aux citoyens utiles.

Le même Louis XI qui avoit long-tems

fait accueil à un bourgeois , lui tourna le dos dès qu'il eut acquis la noblesse. « Je faisois cas de vous auparavant, lui dit ce prince, vous étiez le premier de votre état, vous n'êtes plus aujourd'hui que le dernier des nobles ». C'est ainsi que pense toute la France. Les ennoblis qui ont de la richesse & de la noblesse dans les sentimens sont estimés sous ces rapports : ceux qui ne les ont pas , l'opinion s'obstine à les renvoyer à leur premier état.

La manie de la noblesse donne lieu à des questions que je défie qu'on résolve sans choquer le bon sens. Par exemple, les derniers des nobles qui ne font rien , doivent-ils être mis avant les premiers de la roture, qui sont souvent des gens célèbres , des artistes considérables , des chefs de commerce. Si ces petits nobles doivent passer avant , la chose est absurde & impraticable. S'ils doivent céder , on se contredit soi-même. On voit qu'il en faut revenir à ne donner le pas qu'aux offices, en tâchant d'y employer le plus qu'on peut des nobles , & à

abandonner le reste à l'égalité, à la politesse, à la force des choses, en laissant au
tiers-état après les officiers, une place assez
distinguée pour le satisfaire.

Si l'on veut faire sortir l'usage de la noblesse du droit de conquête, comme l'a
prétendu M. de Boullainvilliers, je demande
si, après la conquête de la Chine par les
Tartares, le dernier des Tartares a eu le
droit de primer le premier des Chinois.
Comme je pense qu'on doit répondre, non.
Je demande ce que devient le droit de dis-
parité que M. de Boullainvilliers a voulu
faire sortir des fausses assertions qu'il a accu-
mulées sur la prétendue conquête des Francs,
qui n'a été qu'un établissement.

Chez les Romains, l'édile noble étoit
distingué de l'édile plébéien, par une chaise
d'ivoire. Cela feroit impraticable chez nous.
Le plébéien Romain étoit activement souverain sur la place publique. Au sénat, il
étoit tribun, préteur, consul nécessaire. On
peut laisser une chaise fragile aux autres,
quand on est sûr d'occuper à son tour le

premier trône du monde & d'en difpofer fans ceffe. Le peuple François s'étant dépouillé de tout, fe trouveroit bleffé par des apparences extérieures d'inégalité. Il faut au moins être poli avec ceux à qui on laiffe fi peu d'avantages & de qui on en reçoit tant.

Il y a dix ans qu'on n'entendoit jamais parler de nobleffe dans les cercles. Cela paffoit même pour incivil. On eût craint de s'en occuper devant quelqu'un qui eût pu en être privé ; & il étoit vain & inutile d'en traiter entre égaux. Sous tous les rapports, ce fujet étoit reconnu pour mortellement ennuyeux. Renvoyé dans les cabinets des généalogiftes & dans l'affaire des préfentations, le monde n'y vouloit point entendre. Depuis toutes ces créations d'affemblées, on n'entend parler par-tout que de nobleffe, on ne cherche que nobleffe. Les fallons de compagnies vont bientôt devenir des chapitres à preuve, où l'on ne pourra fe préfenter qu'une généalogie à la main. On propofe pour livres nouveaux, des recueils d'armoiries, des compilations de chartres, des relevés gothiques, on vante un beau traité sur la noblesse, où l'on démontre comment autrefois un noble combattoit à cheval, & un roturier à pied, où l'on donne de bonnes notions sur la qualité de chevalier, où l'on fait voir bien clairement ce que c'est qu'un écuyer. Si toute cette manie prenoit, comme elle rapetisseroit l'homme, comme elle le rendroit vain & vil ! Comme elle étoufferoit le patriotisme & l'esprit social ! Mais ils se trémoussent en vain pour ramener la barbarie, ces êtres étroits & tyranniques, ils ne donneront point le change au gouvernement comme ils l'espèrent ; ils ne tromperont pas la nation, comme ils l'ont fait autrefois. Ils ne viendront point à bout de faire honte à un François d'être citoyen en le mettant au-dessous d'eux. La monarchie, restaurée par le tiers-état, saura soutenir ceux qui l'ont consolidée & maintiendra malgré toutes ces innovations, cette juste égalité sans laquelle il n'y aura jamais de vraie liberté.

Qu'on observe la marche de toute cette

petite noblesse. Elle a demandé d'abord par la possession des charges ennoblissantes, une distinction sans conséquence. Aujourd'hui elle tend à s'arroger sous ce prétexte une véritable autorité, une existence politique exclusive, une démarcation molestante pour le tiers-état, dont la bonne composition est l'espoir & le soutien de la chose publique. Un homme qu'on distinguoit à peine dans l'ordre de la noblesse, s'avise de dire dans un discours qu'il adresse témérairement au roi, & qui devient public, s'avise de dire que : *Le roi dans ces momens de trouble a bien la ressource de sa noblesse pour le soutenir, mais qu'il doute si le tiers-état voudra obéir à la noblesse.* Comme s'il étoit de principe qu'il fallût obéir à la noblesse qui n'a pas d'office pour commander, & comme si à chaque page de notre histoire il n'étoit pas prouvé que c'est la basse noblesse qui, dans tous les tems, a fomenté tous les troubles, & le tiers-état qui a toujours été du côté du roi.

Si cette manie de généalogies obscures

continue, il faudra que nos defcendans en perdent tout-à-fait la tête; car, Dieu merci, nous ne fommes pas prêts à périr; & avec la régularité dont nos regiftres aujourd'hui font tenus, nous pourrons compter fans fin. Nos neveux feront encore bien plus nobles que nous. Quel accroiffement de nobleffe! Quelle amplification de vaine gloire! Heureufement nous aurons pour nous rabattre, nos concitoyens les Juifs, qui nous primeront toujours, puifqu'ils remontent par une defcendance bien prouvée, jufqu'à Abraham.

Sans doute que le pouvoir d'ennoblir eft inhérent à la royauté, & on ne prétend pas que nos rois doivent fe l'interdire. Les ennobliffemens pour actions éclatantes & pour fervices notoires rendus à l'Etat, font refpectables & refpectés, parce qu'ils font vrais. Le monarque dans ces cas rares ne fait qu'ajouter l'effet civil à une nobleffe qui exifte déjà & qui eft confacrée par l'opinion. En général lorfqu'un citoyen eft illuftré par elle, le gouvernement fait fagement de concourir à fon illuftration; c'eft en vain alors qu'il s'y oppoferoit : le public briferoit l'obftacle & placeroit fon héros au-deffus. Il a été chercher les enfans de Corneille au moulin, où le gouvernement les oublioit. Ses entrailles fe font foulevées pour cette race d'un de nos demi-dieux, & l'on a fenti qu'on ne devoit rien à perfonne, fi l'on ne devoit pas tout à un pareil fang.

Enfin, la richeffe même fuffit pour mettre le fouverain dans une forte d'obligation de réputer nobles ceux qui vivent comme tels, foit pour ne pas contrarier l'opinion publique qui ajoute toujours une idée de nobleffe à la poffeffion des grands biens, foit pour accorder aux citoyens riches toutes les jouif-fances d'opinion, & ne leur point faire dé-firer le féjour des pays étrangers. C'eft pour-quoi les charges ennobliffantes feroient bien inventées, fi elles n'étoient que perfonnelles, & fi elles n'avoient d'effet pour les races qu'après trois générations de poffeffions. Il feroit peut-être encore à défirer qu'on revînt à accorder la nobleffe à ceux qui ont poffédé une terre à grande culture pendant trois générations. Cela attireroit de tems en tems les richesses du tiers-état sur les terres qui demandent des dépenses & des sacrifices. En effet, trois générations de jouissance d'une condition noble doivent en assurer la continuation. La prescription est acquise; & toute loi qui la refuseroit par-tout où la noblesse est établie, seroit injuste.

Mais ennoblir des souches avec cette profusion, à propos d'un office passager, c'est vouloir rendre une partie des citoyens nécessairement à charge à l'autre, ôter au tiers-état tous ses moyens, énerver ses mœurs, & réduire à rien la noblesse des sentimens qui tend à distinguer les citoyens par leur mérite, par leurs procédés, par leur politesse, par leur probité, enfin par des effets réels.

Pour réparer l'indiscrétion de tant de créations de nobles, & pour soutenir le tiers-état, il est donc de la plus grande importance de mélanger les conditions, & de mettre, comme par le passé, la roture honorable avec la noblesse, qui est vraiment à charge à l'État, quand elle eſt dépourvue de mérite & de fortune, ſans qu'elle puiſſe ſe targuer de verſer ſon ſang pour ſa patrie ; parce qu'après un combat, il reſte plus de roturiers que de nobles, ſur le champ de bataille.

Autrefois nos grands ſeigneurs, nos ducs s'entouroient de gens du tiers-état diſtingués. Aujourd'hui ils n'ont plus autour d'eux que de petits nobles. Ce parti qu'ont pris nos grands, les a inſenſiblement iſolés : ils ne vont preſque plus en viſite chez les bour-geois, ne les fréquentent plus. La petite no-bleſſe a profité de cet éloignement pour nouer l'intrigue qui ſe développe aujourd'hui, & qui eſt auſſi déſavantageuſe à nos grands qu'au tiers-état. Les grands influent moins ſur le peuple & en ſont moins reſpectés, le ſervice du roi y perd par-là même. Les grands ont moins d'amabilité, d'expérience & d'intelligence, parce qu'ils ont moins de communications. En vain ont-ils voulu exiger du mérite & des talens de leurs petits nobles. L'eſprit & l'intelligence ne vont point avec

les préjugés, avec la malice, & le mécontentement caché. Les efforts de tous ces
écuyers n'ont fait qu'inonder le public d'ai-
grefins littéraires qui sont l'ennui des compagnies & la honte des arts.

Mais que faut – il donc que faſſent les
petits nobles ? Qu'ils quittent leurs préjugés,
leurs cabales, leur eſprit de diviſion, leur
jalouſie contre le mérite, leur prétention à
établir en France le gouvernement Polonois ;
qu'ils prennent de l'éducation, de la civilité,
qu'ils cherchent à acquérir de la fortune par
des moyens honnêtes, qu'ils renoncent à la
manie de payer par-tout de généalogie, qu'ils
s'honorent de l'égalité & du titre de citoyen :
alors ils feront heureux, conſidérés, accueillis, & ils cesſeront d'être à charge à
eux-mêmes & à la ſociété.

Toutes les portes ſe ferment aujourd'hui
à l'ordre du tiers. Autrefois le prévôt des
marchands de Paris même étoit un roturier, & il décidoit ſouvent de la fortune de
l'État. Aujourd'hui le maire d'un bourg eſt
un noble. Dans l'aſſemblée des notables de

1787, il n'y avoit peut-être pas deux roturiers. Cette inattention à maintenir les droits du peuple peut avoir les suites les plus fâcheuses pour le gouvernement même. Quand il y regardera de plus près, il verra qu'il s'ôte ses meilleurs moyens.

Nos parlemens, quoique presque tout composés de nobles d'ancienne race, sont par leurs offices dans le tiers-état, & jusqu'à présent, ils en ont bien défendu les droits ; mais pourquoi laisser peu-à-peu établir, comme on fait, l'exclusion du tiers-état de ces compagnies ? On s'expose à leur faire perdre la confiance du peuple, & à les rendre moins utiles au service. Il faut pour être au parlement, des mœurs, de la science & de la fortune : la naissance y est sans conséquence : la grandeur des fonctions y égale tout.

Si les parlemens qui sont sédentaires & instruits, sont jusqu'à présent restés du côté du peuple, les maires qui sont passagers, ne se sont presque jamais occupés de ses intérêts : ils ont toujours plus agi d'après leur

qualité

qualité perfonnelle, que d'après les devoirs de leur office ; c'eft pourquoi il feroit très-politique de rendre à l'ordre du tiers, les places qui lui appartiennent & de l'admettre, felon fon droit, en plus grand nombre dans les magiftratures.

Dans les tems féodaux, dès qu'il y avoit une réunion de citoyens, maîtres & propriétaires fur un feul point, le gouvernement y formoit une municipalité pour s'attacher ces citoyens, & leur accordoit, même pour leurs maifons des champs, des privileges équivalens à la nobleffe, c'eft-à-dire, une loi d'égalité, & cela étoit d'une excellente politique. Le miniftre qui a confeillé l'affemblée de notables de 1787, avoit propofé de porter atteinte à ces privileges, & d'établir une capitation roturiere. La nobleffe, meilleure politique, a refufé une diftinction qui l'eût rendue odieufe à ce qu'il y a de plus fort dans le royaume ; & en cela, elle n'a pas moins montré d'habileté que de juftice. Mais fi la propofition eût paffé, comment ce miniftre s'y feroit-il pris pour déſobliger à ce point des villes comme Paris, Bordeaux, &c. Certes, on conviendra que ce miniſtre n'étoit pas politique, & que s'il n'eût pas échoué avec les notables, il ne pouvoit pas manquer d'échouer avec le peuple. Les diſpoſitions des citoyens doivent être calculées encore plus que leurs finances. Si les payſans n'étoient pas diſperſés, ils refuſeroient la taille, parce qu'elle abaiſſe, ſauf à contribuer autant ſous le nom de vingtiemes, parce que c'eſt l'impôt général. On ne propoſe point à des hommes réunis de les abaiſſer : s'ils ſont les plus forts, on riſque de compromettre l'autorité & de n'être point obéi : s'ils ſont les plus foibles, ils ſe vangent par la haine, & cette haine mine un État.

Il eſt reconnu aujourd'hui que nos campagnards payent trop de tailles. Non-ſeulement le gouvernement doit s'occuper des moyens de ſoulager les plus petits, mais encore de faire porter aux plus riches le poids de l'impoſition avec plus de patriotiſme. Il ſemble que le gouvernement ne

foigne, pas affez les détails de cette impofi-
tion. Pour encourager les riches à en moins
rejetter le poids fur les petits, ne feroit-il
pas bien qu'il y eût quelque honneur, quelque privilege à payer beaucoup; que celui
qui paye cinq cens francs de tailles, par
exemple, eût le port d'armes, le droit
d'exempter fon fils ainé de la milice; que
celui qui paye mille francs, pût exempter
tous fes fils & même un valet pour le fervice
de fa perfonne, & quelques autres privileges dans les municipalités. Cette attention
flatteroit les propriétaires importans, &
montreroit que leur fubvention eft comptée
pour quelque chofe, qu'il y a quelque honneur & quelque avantage à contribuer au
foutien de la chofe publique. Je ne doute
point que la maniere qu'on a adoptée d'af-
fener l'impôt, ne foit ce qui le rend fi
odieux. On ne propofe point aux gens de
payer beaucoup, à condition d'être méprifés
beaucoup, & de n'être comptés pour rien
dans tous les cas. C'eft pourquoi il fembleroit
bien que l'entrée aux états-généraux dans

les deux autres claſſes fût réglée par la quantité de ſubſides qu'on payeroit. De cette maniere on ſe feroit un mérite de payer ce qui eſt dû, au lieu que par la maniere établie, c'eſt à qui ne payera pas, & le plus petit finit par être écraſé.

Pour réunir dans le même écrit tout ce qu'il y a à dire ſur la diſparité qu'on veut rétablir entre les ordres de citoyens, il me reſte à vous ajouter, Monſieur, que quoique la partialité des rois pour les nobles ſoit toujours injuſte, il y a cependant un cas où elle eſt politique, & où elle peut leur être utile. C'eſt lorſque le roi n'eſt pas entiérement ſouverain, & que le peuple garde l'exercice de l'autorité. Alors le roi forme avec ſes nobles un parti qui donne quelque poids à ſes propoſitions ; mais lorſqu'un peuple donne au roi une pleine puiſſance, une ſouveraineté abſolue, le roi doit d'autant plus ſe livrer au peuple, que le peuple s'eſt livré plus complétement à lui, & il n'y a qu'une impartialité bien entendue qui ſoit dans ce cas parfaitement politique.

Le jour où cette impartialité disparoîtra en France, le roi perdra infiniment de son autorité, les grands tout leur éclat, le peuple beaucoup de ses ressources. Les bourgeois en seront quittes pour faire sission & pour revenir à se cantonner : les nobles seront abhorrés : les villageois asservis. La barbarie renaîtra parmi nous : la civilisation ira en Allemagne, en Italie, en Espagne, peut-être en Amérique ; & nous rentrerons, nous, dans les ténebres, dans la tristesse, dans les divisions, dans le fanatisme, dans les proscriptions.

Le tiers-état est en possession de toutes les richesses mobiliaires du royaume, de tout le commerce, de toute l'agriculture, de tous les immeubles des grandes villes, des sciences, des arts, de la plus grande partie de l'intelligence & de la vertu de la nation. Il est le maître de l'opinion par sa nombreuse population, le soutien de la monarchie, par les immenses subsides que lui procure son industrie, le frein des grands & des petits par ses mœurs : il a certainement le droit de traiter fans intermédiaire avec fon roi : il y a plus : il eft le peuple qui mérite le mieux de conferver cette égalité, par la maniere généreufe dont il en ufe.

Voilà, je crois, ce qui doit faire défirer que le fecond & le troifieme ordres des états-généraux foient réglés par les forts fubfides fur les terres, & par les forts fubfides fur les perfonnes. De cette maniere, tous les hauts magiftrats qui ont l'expérience du gouvernement, formeroient le premier ordre. Dans le fecond, fe trouveroient alors tous les grands propriétaires terriens. Dans le troifieme, fe trouveroient tous les grands propriétaires domiciliés ; c'eft-à-dire, les jurifconfultes, les négocians, les armateurs, les chefs de manufactures, & d'autres citoyens qui influent fur la chofe publique. Il arriveroit delà que nos diftinctions barbares, qui ne conviennent plus au tems, feroient anéanties, que tous les ordres pourroient être également remplis par des nobles, que les roturiers ne feroient de droit exclus d'aucun,

& que ce fage mêlange, tout à l'avantage de la nobleffe, fans nuire aux droits de perfonne, deviendroit agréable à tous.

Mais il eft fur-tout de la plus inftante politique dans cette crife finguliere, où tout tend à rompre l'équilibre, de ne point porter atteinte aux prérogatives du tiers-état, fi l'on veut conferver l'éclat du trône, maintenir la force de la nation, entretenir la profpérité publique. Il importe auffi pour l'avantage de la nobleffe qu'elle s'uniffe intimement avec le tiers-état & le peuple dans la difcuffion de l'intérêt commun : car le peuple eft ce qui donne toute la force, le peuple eft la nation, le peuple a un état vrai & indépendant de tous les autres ordres. Il eft, parce qu'il eft. Il n'a pas befoin pour exifter de l'exiftence des autres : la fienne eft naturelle & néceffaire. L'exiftence de l'ordre noble n'eft que relative : il a un befoin immédiat du peuple pour être quelque chofe : ce qui lui donne une infériorité fenfible dans le moment de l'affemblée. Auffi parmi les nations inftruites à fond du droit public, dès

que le peuple fe raffembloit, les nobles
avoient foin de rentrer dans l'ordre du peuple
pour voter avec lui. Et en établiffant cette
parfaite égalité dans nos affemblées nationales, elles n'en feront que plus auguftes,
plus unanimes dans leurs réfolutions, moins
difficultueufes dans leurs controverfes, &
plus approuvées par ceux qui n'y affifteront
pas.

" Quelle eft dans tous les pays la bafe de
la monarchie ? C'eft le plus grand nombre,
c'eft le peuple. La fûreté de la monarchie
eft dans le maintien de l'égalité & de la
liberté. Celui-là feul eft puiffant, celui-là
feul eft vraiment roi qui, dans l'exercice de
la royauté, a trouvé le moyen de plaire au
plus grand nombre. Ceux qui veulent porter
toute l'attention des rois fur leur nobleffe,
les trompent ; ils ne font que des gens de
parti, qui diminuent en effet l'autorité des
rois, en ayant l'air de la renforcer par un
degré de fubordination de plus. Et les monarques qui adoptent ce fyftême, s'aliènent
infenfiblement leurs peuples, & fe trouvent

bientôt à la merci de leurs nobles, qui finissent par ne les plus respecter, parce que les rois n'ont plus en effet que la puissance que les nobles veulent bien leur laisser pour leurs intérêts. Et telle a été la situation de nos rois sous le régime féodal.

Cette aristocratie intermédiaire des nobles est durable dans les corps politiques; mais elle n'y entretient point la vie, elle ne fait qu'y prolonger la mort. Un monarque d'accord avec son peuple, lui redonne de l'ame & de l'activité. Il n'y a point de projets tyranniques qui coûtent à entreprendre & à exécuter à des nobles réunis; ce qui est fait par plusieurs, n'est fait par personne : tous s'en excusent & vont cependant leur train. Mais un monarque mal disposé, est épouvanté de la solitude devant tant de millions d'ames qu'il choque; & le plus intrépide finit par rappeller au secours de son autorité, la justice & la raison. Tout peuple instruit désirera un roi puissant. Tout roi intelligent désirera un peuple libre.

On ne sauroit donc trop le répéter, c'est

le peuple, c'est le tiers-état qui donne la
grande puissance; & c'est vers le peuple
que toutes les dispositions d'un roi sage &
bien conseillé doivent tendre. Il faut qu'il
ait une relation continuelle & directe avec
son peuple, qu'il l'appelle à lui indistincte-
ment, lorsqu'il peut le servir, comme les
nobles, en réservant seulement à ceux-ci,
comme nous l'avons toujours dit, de les
appeller de préférence. Un mélange gracieux
entre la noblesse & le tiers-état, fait aimer
davantage la noblesse, satisfait & encourage
le peuple. Une inégalité absolue révolte le
tiers-état, indispose tout le peuple contre
l'autorité qui maintient cette inégalité, &
rend, je le répete, la noblesse odieuse.
L'inégalité trop marquée des rangs détruit
la liberté, elle amene la division, les que-
relles, les dissentions, & ce qu'il y a de
plus redouté des François, la solitude, la
tristesse & l'ennui. Malheur à ceux qui ont
besoin d'inférieurs !

Examinez tous les peuples, parcourez
toutes leurs annales, vous verrez que par-

tout où le gouvernement a tourné sa prin-
cipale attention du côté du peuple, on y a
vu le bonheur, la gloire, l'accroissement,
la célébrité, que par-tout où le gouvernement a été partial & favorable à quelque
ordre particulier, on n'y a vu que l'oppres-
sion, la taciturnité, la dépopulation & la
misere. Et en effet, le systême qui rapporte
tout au peuple étant le seul vrai, le seul
qui ait une base juste, il n'est pas étonnant
qu'il soit constamment le seul qui ait d'heureux effets. C'est ce systême qui a rendu
les Gaules formidables sous Clovis & sous
ses descendans; car il est bien constant que
les Francs & les Gaulois n'ont formé qu'un
seul peuple, sans supériorité ni distinction,
& qu'il n'y a eu parmi nous que des officiers, & point de nobles, jusqu'à Charlemagne. C'est ce systême qui nous a rendus
si grands depuis Louis XI. C'est ce systême
qui a créé Florence, la Hollande, &
l'Angleterre dans ces derniers tems; & dans
l'antiquité, Rome, Athenes, Tyr, &
tant d'autres peuplades dont le souvenir

fait le plus bel ornement de l'histoire & des traditions.

De son côté, le peuple François doit toujours avoir présent que c'est la grande puissance de son roi qui maintient sa liberté, & pour me servir du terme national, ses franchises. Plus le roi sera grand, plus le peuple aura de ressources. Et il faut que le tiers-état se garantisse de prêter l'oreille à tous ces brouillons qui soufflent par-tout que le roi est devenu trop puissant, qu'il faut diminuer son autorité, retrancher son faste, réduire ses dépenses. Sans doute qu'il faut qu'il s'assujettisse à un ordre sévere, mais des réductions dans ce moment malheureux, ne feront qu'ajouter au désastre, interrompre la circulation, écraser les manufactures, énerver l'agriculture. Enfin, ce qui sera le triomphe des brouillons, arrêter l'impôt. C'est un très-grand malheur, que d'avoir emprunté, lorsqu'il falloit imposer; mais le mal est fait. Il faut que le tiers-état concoure dans les états-généraux & même s'il se peut sans les attendre, concoure à donner des preuves de son zele à un roi qui n'a jamais eu en vue que son bonheur. Quelques années d'efforts passées , l'État sera plus florissant que jamais , & sa régénération sera l'éternel désespoir de ses ennemis du dehors , & des méchans que sa foiblesse momentanée enhardit à le déchirer au-dedans.

Et qu'ils n'esperent pas , ces instigateurs de troubles, que la nation sera la dupe de leurs menées , & qu'ils changeront à leur gré la constitution du royaume dans les prochains états-généraux. Ils ont beau semer des livres où ils prétendent que la nation assemblée est au-dessus de tout. Ils seront enveloppés dans leurs propres pieges. Que le roi tienne des états-généraux , une cour pléniere , de grands jours , tout ce qui conviendra à sa sagesse pour régler l'impôt, soit de cinq en cinq ans , soit de dix en dix ans, l'assemblée fût-elle de cent mille vôtans , ce qui est impraticable , si on osoit y statuer quelque chose de contraire aux droits du roi , aux intérêts du peuple , aux loix fondamentales du royaume , à ces loix consenties par la nation entiere & consacrées par le laps du tems , je vous déclare que le roi est le maître de tout casser le lendemain , & que tout ce qu'il statuera de contraire sera solide , si le peuple , à l'aspect de sa majesté , crie vive le roi. Parce que la nation , comme on le dit fort bien , est au-dessus de tout ; parce que la nation n'a de vrai représentans qu'elle-même & son roi ; parce que des états , des parlemens , des cours plénieres , ne font que des formes , ne font que des commissaires , ne font authentiques que lorsqu'ils expriment en effet la voix publique. Le roi est le maître , & le souverain maître. Il l'est , parce que la loi l'a fait ; il est digne de l'être , parce qu'il est juste & bon ; il n'y a qu'une chose dans laquelle ses sujets sauront borner sa puissance , c'est dans la faculté de l'affoiblir. On ne le laissera jamais maître de n'être pas le maître. Le François en criant , vive le roi , fait une acte de liberté & de puissance.

Il existe dans la tête de quelques ma-

niaques, deux ou trois syſtêmes de gouvernement, dont deux ſont bien diſtincts &
bien aſſemblés : & l'on voit la choſe publique tirée tour-à-tour à l'un de ces ſyſtêmes, ſelon le parti qui domine : l'un eſt
le ſyſtême Anglican, l'autre le ſyſtême Ultramontain.

Le ſyſtême Anglican tendroit à élever
pluſieurs puiſſances dans l'État, à compliquer
la machine du gouvernement, à mettre le
roi en tutelle. Je ne m'étend point ſur ce
ſyſtême, parce qu'il eſt trop viſible qu'il
nous affoibliroit, & que s'il réuſſit en Angleterre, c'eſt parce qu'elle a par la mer
qui l'environne, une fortification naturelle
contre les entrepriſes du dehors, & une
liaiſon naturelle pour les correſpondances du
dedans. Comme ce ſyſtême eſt porté par
des gens de bonne foi qui veulent le faire
aller de pair avec la proſpérité publique,
il ne fera jamais de grands progrès, étant
certain qu'ils l'abandonneront quand ils verront que cela y porte une véritable atteinte.

Le ſyſtême Ultramontain ne nous égare

pas par erreur , mais par un fyftême d'intérêt étranger. Auffi eft-il plus méthodique
dans fa marche. Il tend à nous rendre
médiocres pour notre bien. En voici quelques détails. D'abord il veut reporter la
nobleffe vers les châteaux , en lui perfua-
dant qu'elle regagnera par-là en puiffance,
ce qu'elle perdra en illuftration , ce qui
feroit la réduire à-peu-près au néant. Il
veut diminuer le commerce, les manufactures, & par-là même la population des grandes
villes, parce que cela lie trop le peuple,
donne trop de valeur à l'opinion publique,
communique & épure trop les idées, fournit trop de facilités au roi pour la levée des
impôts & pour l'exécution de fes loix. Il
veut diminuer parmi le peuple les moyens
d'inftruction, élaguer ou abaiffer les univerfités , porter les écoles dans des campagnes
éloignées, fous prétexte de fanté , afin de
les ôter de deffous les yeux des peres de
famille & des magiftrats, réferver, s'il eft
poffible, l'inftruction pour les prêtres & pour
les nobles , dont les prêtres difpoferoient. Il

veut

veut n'avoir dans les villes que le clergé, les officiers & quelques petites populaces pour les métiers indispensables, maintenir le peuple dispersé dans les campagnes, parce qu'alors les prêtres disposent plus facilement de l'opinion publique. Il veut, sous prétexte d'économie, que le roi banisse le faste de sa cour & la dépense de son service, pour porter l'attention sur quelque autre cour, diminuer d'autant la parure de la nation Françoise & la montre de ses moyens. De cette façon, tout seroit dans un bel ordre au gré des partisans de ce système. Personne ne pourroit remuer, ni le roi, ni la noblesse, ni le peuple. Et cela se conçoit aisément : on n'a garde de se trémousser, quand on est étique & languissant ; mais on trouvera qu'il vaut mieux se bien porter & se bien régir. Le système ultramontain est si odieux, qu'on est tout étonné qu'il puisse exister, & encore plus épouvanté de le voir marcher à force vers son but, au moindre nuage qui s'élève entre le roi & la nation. Les économistes & la cabale philosophesque travaillent, sans le savoir, pour ce systême. Sa surveil- lance fait tourner insensiblement à son profit tout ce qui est trouble, innovation, erreur, incertitude & renversement. Ce systême, qui n'est porté que par des maniaques obscurs, se trouve quelquefois adopté, on ne sait comment, par des grands, par des hommes puissans. Les parlemens en ont été jusqu'à présent le plus terrible fléau. Ces corps étant les seuls qui ayent en France une existence continue, étant le foyer nécessaire des prin- cipes, des formes & de l'esprit national, ont été vigoureusement & à plusieurs reprises attaqués par ce systême, qui sent bien qu'il ne pourra jamais travailler ce royaume à souhait, tant qu'ils existeront. Mais par ces coups de la providence, dont ce royaume a tant de fois éprouvé les prodigieux effets, les efforts de ce systême ennemi, quelque habilement qu'ils soient dirigés, sont tôt ou tard confondus, les parlemens reprennent leurs prépondérance, & l'État se retrouve bientôt avec lui-même.

Pour fuivre un fyftême conftamment François, pour que notre gouvernement foit
dans toute fa valeur, pour que le peuple
jouiffe de toutes fes reffources, pour que nos
rois foient les plus grands rois du monde,
pour que nous en foyons la premiere nation,
il faut qu'il n'y ait aucun lieu dans l'univers,
aucun royaume, aucune république où le
droit des gens foit plus refpecté, où il y
ait plus d'égalité, plus de liberté, plus de
politeffe, plus d'induftrie, plus de richeffe,
plus de fcience, plus d'intelligence, plus
de gloire, plus de décoration. Il faut qu'on
ne puiffe trouver nulle part de plus beaux
ports, de plus fuperbes chemins, des villes
plus magnifiques, des campagnes mieux
cultivées, une cour plus brillante, des
princes plus généreux. S'il y a un pays
au monde vers lequel un François puiffe
tourner avec raifon un œil d'envie, notre adminiftration, dès ce moment, eft mal conçue
& oppreffive. La nature du fol, la fituation
du pays, le caractere des peuples, les fa-

cultés des individus, font de cette perfection
la mesure continuelle & nécessaire du gouvernement des François.

J'ai l'honneur d'être, &c.

# CINQUIEME LETTRE

### DE L'AUTEUR

### DU MODE FRANÇOIS.

# CINQUIEME LETTRE,

*Dans laquelle on retrace, à sa maniere, les événemens politiques de l'année 1787.*

———

CE que vous ferez, je l'écrirai, répondoit courageusement je ne sais quel Lettré à un grand de la Chine, qui vouloit se porter à des actes contraires au bien public. Ce que l'on a tenté de faire dans le courant de cette mémorable année, je vais, Monsieur, vous en faire un récit fidele, que nous transmettrons à la postérité, pour qu'elle fasse, avec connoissance de cause, justice des hommes & des actions. Car tout ce qui s'est dit publiquement fur nos événemens politiques eſt ſi contraire au fond des choſes, que jamais nos neveux n'y pourroient démêler la vérité, ſi quelque témoin impartial ne leur met pas entre les mains un fil ſecourable qui puiſſe les guider dans ce labyrinthe d'intrigues & d'erreurs.

La France jouiſſoit en paix du gouvernement populaire & équitable, préparé par Suger, fondé par Louis XI, déterminé par Louis XII, embelli par François premier, affermi par Henri IV, achevé par Louis XIII, illuſtré par Louis XIV, conſervé par Louis XV, & qui avoit ſoutenu les premieres années de Louis XVI. Tous les ordres de l'État étoient à leur place : le commerce proſpéroit : l'agriculture floriſſoit : les arts étoient cultivés : nos villes s'embelliſſoient : notre population étoit à un très-haut point : des ports qui ſe formoient ouvroient de nouvelles voies à notre commerce, & ajoutoient à notre puiſſance. Nous nous voyions les arbitres du monde par les traités qui venoient de ſe conclure. Cet amour antique

pour nos rois & pour notre maiſon royale,
cimentoit plus que jamais notre union inté-
rieure. Une ſeule partie de l'ordre public, la
finance, étoit ſoupçonnée d'un léger dérange-
ment par les tours de force de deux miniſtres
qui avoient voulu montrer du génie. Mais
l'un étoit éloigné pour jamais des affaires ;
l'autre étoit prêt à en être expulſé par la
force des choſes : & tout pouvoit encore
être réparé ſans éclat. Tout-à-coup on a fait
retentir aux quatre coins du royaume qu'on
étoit dans la ſituation la plus critique. On a
appellé de par-tout des témoins de l'embarras public. On a indiſpoſé tous les corps
par la compoſition extraordinaire d'un conſeil en tout point incompétent. On n'a fixé
les regards que ſur des abus : on n'a fait
développer que des plaintes : on n'a laiſſé
prévoir que des maux. On a fait aller tout-
à-coup les peuples de l'extrêmité de la pa-
tience, de la confiance & de la ſoumiſſion,
à l'autre extrêmité, celle de l'inquiétude,
de la réſiſtance & de l'inſurrection. L'amour
de la nation pour ſon roi n'a produit qu'une

haine plus profonde contre ſes miniſtres. Les parlemens bleſſés à juſte titre de voir mé-connoître la fidélité & l'utilité de leurs ſervices , ont appellé à leur aide les états-généraux. Les brouillons , cette boue qui revient ſur l'eau dans les orages , ont appuyé cette demande dans l'eſpoir de renverſer la conſtitution. Et à ce coup, il faut convenir que la France auroit péri , ſi la France pouvoit périr.

Ce déſordre n'a-t-il pas été amené par quelque autre cauſe ſecrette & plus éloignée? Comment ſous un prince juſte, bienfaiſant & qui ne reſpire que la proſpérité publique, eſt-on arrivé ſi vite à ce point de dérange-ment , que pour tout rétablir , il ſoit né-ceſſaire que toutes les puiſſances de l'État s'ébranlent ? Ce trouble eſt arrivé, par ce qui ſembloit devoir le prévenir , par un choix malheureux que toutes les apparences promettoient excellent , par le choix du miniſtre que le roi a pris pour l'aider à gouverner lorſqu'il eſt monté ſur le trône. Un âge très-avancé , une réputation d'homme d'efprit, un long exil fupporté avec courage, fembloient devoir garantir la fageffe de M. de Maurepas. Mais, vous ne le favez que trop, perfonne ne s'eft montré plus léger, plus étroit, plus infouciant. Il a femblé, tant qu'il a tenu les rênes de l'État, prendre à tâche de fe jouer de toutes les bienféances, de toutes les vérités, de toutes les conventions. Lui repréfentoit-on qu'un homme étoit trop fot, trop ignorant pour remplir telle ou telle place ? Eh ! répondoit-il, qui eft-ce qui n'eft pas fot, qui eft-ce qui n'eft pas ignorant ? Celui-ci, ajoutoit-il, ira avec les autres. Comme s'il étoit indifférent d'ajouter encore au fléau de l'ignorance qu'il reconnoiffoit exifter parmi les gens en place. Lui demandoit-on ce qui alloit arriver de quelque grand changement ? Tout le monde fera mécontent, répondoit-il, & tout ira bien. Comme fi le mécontentement général pouvoit s'allier avec le bien. Lui objectoit-on l'utilité de quelqu'un qu'il vouloit facrifier ? Il difoit que s'il étoit mort, il faudroit bien favoir fe paffer de lui. Raiſonnement affreux , avec lequel on eût pu éloigner Turenne & Colbert , avec lequel on peut rendre inutiles à la patrie les ſervices les plus eſſentiels , avec lequel on ajoute aux pertes néceſſaires de la nature les coups bien plus diligens de l'envie & de la malignité. C'eſt ainſi que M. de Maurepas , d'autant plus dangereux , qu'il ſembloit mieux réſoudre les difficultés par des réponſes plaiſantes , a rempli toutes les places de ſujets qui n'y étoient point propres , tous ennemis implacables du mérite , leſquels en ont amené d'autres , & en ont ſi bien environné la cour , ſi bien bourré le gouvernement , que le roi malgré trente changemens de miniſtre , n'a pas encore pu parvenir à remettre de l'enſemble & de l'équilibre dans ſon conſeil.

M. de Saint-Germain , l'un de ſes miniſtres , ſous prétexte de bien public , a tout bouleverſé dans le département de la guerre ; tandis qu'un autre s'eſt ſignalé par mille changemens déſavantageux dans la marine. M. Turgot , avec un caractere élevé , a trouvé le secret de ne faire que des maux dans la finance. La perversité de ses sous-ordres, l'esprit de systême auquel il s'est aveuglément livré, ont tourné au plus grand désavantage du public, une vertu sans tache & le courage le plus héroïque. M. Necker sembloit devoir rassurer par l'esprit de conduite qu'il apportoit dans l'administration ; mais ce personnage présomptueux, élevé de l'obscurité à une éclatante fortune par des calculs heureux, pressé d'une soif épouvantable de célébrité, ne s'est occupé qu'à mettre par-tout sa personne à la place des choses & à écraser dans l'opinion tout ce qu'il atteignoit, pour s'y placer lui-même plus avantageusement.

D'abord les soins de ce superbe parvenu se sont portés à établir un ordre imposant, en ne procédant pas à la moindre amélioration sans faire sonner la trompette devant lui. Tout ce qui pouvoit occasionner de l'éclat, faire répéter son nom, fixer sur lui seul l'attention, étoit l'objet de ses recherches. Dès qu'il s'est vu un bon fonds de réputation miniftérielle , il a cru pouvoir tout ofer , & n'a pas craint d'aggrandir fon exiftence morale aux dépens de celle de l'autorité même : tout enveloppé du voile du bien public, il a rifqué ce coup décifif avec une trop perfide habileté. L'effet a été produit , & l'artifice dans le moment a échappé à tous les yeux.

Il exiftoit dans la compofition de la maifon civile du roi un fort grand nombre de charges qui avoient été créées pour attacher au trône des gens de toutes les conditions. La moindre fonction avoit fervi de prétexte à un office. Les fervices les plus bas avoient des noms qui leur étoient analogues: & il n'y avoit aucun de ces offices qui ne fût rempli, parce qu'on y avoit attaché quelque foible gage & quelque médiocre privilege. M. Necker imagina de fupprimer d'un coup, quatre cens de ces charges , & de faire courir dans toute la France l'édit qui les fupprimoit avec une lifte de tous ces fervans, où l'on voyoit des hâteurs, des maîtres gueux, des galopins en titre d'office. Cet expédient livra au ridicule, d'un bout de la France à l'autre, le service du roi, mit le peuple dans la disposition de ne voir dans la cour de son prince qu'un foyer d'abus que la main secourable d'un homme vertueux venoit élaguer. Et le respect qui diminuoit pour l'autorité, tournoit insensiblement au profit de celui qui l'ébranloit. Voilà le premier coup qui a été porté au moral de l'autorité : coup terrible quoiqu'indirect , & qui a été suivi de plusieurs autres. Car on a eu soin dans toutes les loix subséquentes de blâmer tout ce qui étoit auparavant l'objet d'une silencieuse vénération, & d'encourager, pour ainsi dire, les peuples à se dispenser d'égards envers un gouvernement qui sembloit n'en avoir plus aucun pour lui-même. Enfin le compte rendu de 1781 a achevé ce que les suppressions avoient commencé. On n'a vu dès ce moment se développer par-tout que des idées républicaines & anti-monarchiques. Et cette piece jettée par cet administrateur au moment de son départ, a été la boîte de Pandore d'où sont sortis tous nos malheurs.

D'autres maux intérieurs défoloient l'administration. Tous ces intrigans que d'autres intrigans avoient amenés, se cachoient à tous les yeux, dans la crainte d'être démasqués. Les malheureux se consumoient en follicitations & périssoient aux portes des gens en place sans pouvoir jamais en franchir le seuil. Les cliens ne pouvoient point être entendus. Des affaires majeures avoient pris tous les momens. Il falloit long-tems par des placets solliciter un rendez-vous, où l'on vous expulsoit enfin irrévocablement, sans pudeur comme sans témoins. Un fameux Romain, à la fin d'une longue vie toute consacrée au service de la république, s'applaudissoit de n'avoir jamais été empêché pour recevoir quiconque avoit eu affaire à lui. Nos intrigans s'applaudissoient de se rendre invisibles, & d'abonder en prétextes pour faire morfondre les folliciteurs. Delà aucun rapprochement, aucune décifion analogue aux hommes & aux chofes: des écritures fans fin, & une multiplicité de bureaux, où le travail le plus funefte étoit autant celui qu'on cherchoit à faire, que celui qu'on cherchoit à éviter.

Un de nos grands hommes d'État, Richelieu, vouloit voir tous ceux fur lefquels il portoit quelque décifion un peu importante, & il faifoit enforte d'appercevoir dans des lieux tiers ceux qu'on ne pouvoit pas lui préfenter directement. Il eft certain que la vue des hommes aide infiniment dans le jugement qu'on doit faire de leurs réclamations. La juftice ne doit voir que les faits, & être aveugle fur tout le refte; mais la politique doit tout voir, tout fcruter, tout embraffer. Nos adminiftrateurs, qui n'étoient pas des Richelieu, ne voyoient plus perfonne pour les affaires de l'État: ils n'étoient vifibles que pour ceux qui étoient dans le cercle de leurs intrigues. Cela alloit au point que les miniftres ne connoiffoient pas leurs coopérateurs du fecond & du troifieme ordre. Je n'ai, moi, jamais vu que dans les rues les miniſtres ſous leſquels j'ai ſervi. Que pouvez-vous penſer de généraux qui ne font pas la revue de leurs ſoldats , de mécaniciens qui ne connoiſſent pas leurs inſtrumens, d'adminiſtrateurs qui négligent de réchauffer par leurs regards le zele, l'intelligence, la probité de leurs ſous-ordres dans le ſervice du roi?

Une autre coutume affreuſe qui régnoit depuis long-tems dans l'adminiſtration, mais qu'on n'avoit jamais pouſſée auſſi loin que dans ces derniers tems , étoit celle de renvoyer à chaque adminiſtrateur les plaintes qu'on faiſoit de lui , ou les mémoires qui tendoient à éclairer ſes erreurs. On peut facilement imaginer un uſage plus juſte & plus éclairé , mais non point un plus favorable à la tyrannie. Nulle plainte , nul éclairciſſement ne pouvoit arriver dans l'adminiſtration, que l'auteur n'en fût mis à la merci de ceux dont il tendoit à redreſſer la conduite. Tous ces petits tyrans ſe ſoulevoient auſſitôt les uns en faveur des autres , pour ſe maintenir juges & parties , & pour ôter au public le moyen de l'appel. J'ai auffi été pris à ce piege du patriotifme. J'ai une fois dans ma vie fait une inftruction fur quelques objets importans. J'ai duement écrit de ma main, figné & daté mon mémoire. Il a été renvoyé à l'adminiftrateur qui commettoit les fautes. Il a promptement tout corrigé. A préfent il me perdra, s'il le peut. Auffi je me fuis bien promis de ne plus rien dire qu'au public.

Tandis que tous ces maux & d'autres auffi graves défoloient l'intérieur de l'adminiftration, le public fe livroit à des travers qui annonçoient une extraordinaire diftenfion dans l'intelligence nationale. Il s'engouoit pour des riens, même pour des chofes méprifables & odieufes. Une comédie fans ftyle, fans convenances, fans caractere, où Thalie étoit proftituée, avoit été pendant cent repréfentations l'objet de fes applaudiffemens. Des lourdeurs politiques, où le charlatanifme le plus groffier perçoit de tous côtés, avoient été regardées comme des ouvrages de génie, des productions du plus haut patriotifme.

Un nouveau genre de plaifanterie , appellé myftification , empoifonnoit par - tout les fociétés. Enfin , le mépris du fexe mettoit le comble à la commune dépravation ; mais ces deux derniers trayers méritent d'être plus développés.

La myftification eft ce genre de goguenarderie nouveau qui confifte à déconcerter l'amour-propre ou la fimplicité , par des fourberies étudiées. Ce n'eft point ce trait fpirituel & malin qui part d'abondance &, pour ainfi dire, malgré foi, quand la raifon eft irritée : c'eft un arrangement controuvé & médité de longue main pour faire tomber un fot dans un piege où l'on puiffe à fouhait le noyer de ridicule. Paliffot, littérateur excellent , mais poëte fans chaleur & fans gaieté , eft l'inventeur de la myftification. Il s'eft fignalé dans cette maniere lâche & noire de perfécuter la fottife. Il a été très-malheureufement imité : & cette infultante difpofition, qui annonce l'abfence de toute délicateffe & de toute efpece de bonté , eft une des chofes qui nous à le plus éloignés de

notre

notre caractere & de nos habitudes obli-
geantes, qui a le plus contribué à nos éga-
remens.

Mais le mépris & l'inattention pour le
sexe nous a bien plus éloignés encore de
nous-mêmes & de nos mœurs. En cherchant
à bannir les femmes des conversations, en
diminuant les devoirs civils qu'on est tenu
de leur rendre, en paroissant devant elles
avec moins de ménagement & de respect,
nous sommes devenus durs, coleres, indif-
ciplinables : & mécontens sans savoir de
quoi, nous n'avons fait germer que le trouble
dans ces conciliabules anglicans qui se sont ouverts de tous côtés. Les mœurs des femmes,
par une conséquence nécessaire, ont aussi
dégénéré. Les atours tant vantés de nos
dames ont été changés en des parures de
courtisanes : & les manieres si décentes de
nos femmes de qualité en une allure sol-
daresque & déterminée, qui les embarasse
autant qu'elle nous confond. Ah ! rappellons
nous au plus vîte que le sol que nous habi-
tons a, de tems immémorial, porté des

femmes souveraines, à qui les peuples ont
dû les mœurs douces qui les ont rendus
heureux, & que les tems de nos infortunes
ont toujours été ceux où elles ont été moins
honorées. Les dames Françoises ont autant
entretenu la paix dans l'intérieur de l'État
qu'elles nous ont fait déployer de courage
à l'extérieur. C'est à nos femmes que nous
devons les prodiges d'intelligence & de
vertu qui nous ont illustrés. Il y a plus :
c'est elles qui consolident chez nous la monarchie & qui contribuent à nous faire autant aimer nos rois. Nos femmes ont au
suprême degré l'amour des choses élevées ;
& l'idée d'avoir à la tête de la nation le
plus grand roi du monde les intéresse
invinciblement. Aussi ceux qui instruent
nos rois ont-ils soin de les nourrir dans
l'habitude de la considération pour le sexe.
Nos princes ne rencontrent point sur leur
passage une femme parée, sans lui témoigner
une attention pleine d'égards : & cette politesse est chez nous une des bienséances de
la royauté. Nos mœurs en ce point sont si

impérieufes, qu'il faut que toutes les puiffances chez nous reconnoiffent cette premiere
des puiffances. Auffi les brouillons ont-ils
cherché d'abord à ébranler l'empire des
femmes, pour arriver à celui du fouverain.
Mais comment ont-ils pu efpérer de réduire
nos femmes à la quenouille ? Comment ont-
ils pu croire que ce négociant, qui vient de
diftribuer des reffources à des milliers de
pauvres, pourra être foutenu dans fon dé-
fintéreffement par la compagnie d'une honnête fervante ? Cet avocat qui rentre chez
lui après avoir défendu la veuve & l'or-
phelin, s'y trouvera-t-il récompenfé par le
fuffrage d'une honnête fervante ? Sera-ce une
honnête fervante, qui honorera le retour de
ce magiftrat qui vient de fe faire des ennemis au palais, pour le maintien de la juftice & de l'ordre public ? L'eftime d'une
fervante pourra-t-elle encourager ce militaire à rapporter au logis fon honneur avec
plus de foin que fes bras & fa tête ? Non :
ce travers barbare ne fauroit durer. Plus
l'homme a de vertu, plus il aime à la

déployer aux yeux d'une femme respectée.
Le plus grand homme ne jouit jamais mieux
de ses lauriers, que quand il les met aux
pieds d'une femme qu'il chérit. Le guerrier
voit dans sa mere, dans sa sœur, dans sa
femme, dans sa maîtresse, sa patrie & ses
premiers souverains. La mémoire de madame
du Guesclin vaincra l'oubli, comme celle de
Cornélie. Il faut des dames aux François:
il leur faut des citoyennes.

Les affaires, les esprits & les mœurs
étoient dans ce désordre, lorsque le 20
décembre 1786, on annonça pour le commencement de l'année une assemblée de
notables qui devoit, disoit-on, sans entrer
dans de plus grands détails, s'occuper du
bien public.

Le ministre qui avoit donné ce projet,
étoit un de ces hommes à idées vastes,
mais qui, pour porter trop loin leurs vues,
n'apperçoivent point les dangers qui sont
tout près d'eux. M. de Calonne avec un
cœur noble, des intentions droites, & la
conscience du bien qu'il vouloit faire, s'oc-

cupoit trop peu du choix des moyens, s'entouroit trop mal, & avoit trop de confiance dans ses ressources & dans sa dextérité. Il nourrissoit contre les parlemens une haine inconstitutionnelle. Il avoit eu autrefois avec ces compagnies un tort qu'il n'y avoit qu'une conduite pleine de gravité qui eût pû réparer ; & il étoit loin de s'être donné cet avantage. L'assemblée de notables qu'il proposa, parut évidemment un moyen qu'il embrassoit pour éviter la sévérité des parlemens. Dès ce moment toute la France fut indisposée contre cette assemblée, & il n'y eut que le ministre qui l'avoit conçue qui en eut bonne opinion.

On alla chercher dans l'histoire les assemblées de notables, & on vit qu'elles avoient toutes mal réussi. Henri IV qui en avoit convoqué une, s'étoit vu obligé d'y changer ses propositions, & de la rompre enfin. Sous Louis XIII mêmes pourparlers inutiles, même incertitude de principes dans celle qu'on hasarda. Tout cela n'étoit point de bon augure. Quelques

circonftances ayant retardé l'ouverture de
cette affemblée, on crut que la cour alloit
s'en dégoûter. Au grand étonnement de
tout le monde on perfifta, & tout le monde
perfifta à la voir de mauvais œil.

Le miniftre n'avoit fait aucun manifefte,
aucun refcrit, pour annoncer cette affemblée. On s'étoit contenté d'envoyer des
lettres d'ordre à ceux qui devoient la com-
pofer, & l'on n'avoit informé le peuple de
fa tenue que par une courte notice inférée
dans les papiers publics, fans fignature,
& fans indication de qui elle émanoit. Il
y étoit dit que le peuple devoit la voir
avec enthoufiafme, & l'enthoufiafme ne venoit point. On y annonçoit que le but en
étoit le foulagement des peuples, & l'on
favoit que le but principal en étoit une
grande augmentation d'impôts. Tout cela
chagrinoit & inquiétoit. On eût préféré
l'annonce d'un mal certain à de pareilles
efpérances. Le mécontentement alloit toujours croiffant : le miniftre ne voyoit toujours rien que fes projets.

Le hafard m'avoit fait rencontrer dans le monde le poëte Lebrun ( 1 ). Quoique je n'approuvaffe point tout dans ce perfonnage, j'y avois apperçu le feu du génie & un de ces talens qui paffent la ligne commune. Je l'avois vu perfécuté & tourmenté par ces atrocités qui coûtent fi peu aux méchans, & qui perdent fouvent fans reffource des hommes précieux. Perfuadé qu'il pouvoit un jour faire honneur à la France, je l'avois fortifié, foutenu de mes éloges & de tous mes encouragemens dans le tems de fes difgraces, & il m'avoit toujours montré de l'attachement. Un jour je le vois arriver. Après un moment de filence, il tire un papier tout écrit de la main de M. de Calonne fur les évenemens préfens. Cette piece étoit bien le délire le plus

---

( 1 ). Ce n'eft point pour prendre un air de traiter quelqu'un légérement que je fupprime ici le mot de Monfieur, mais pour diftinguer celui dont je parle de plufieurs autres gens de lettres qui portent le même nom, & qui ne pourroient point fe paffer du titre de Monfieur.

complet de l'esprit & de la vertu. L'intention du ministre avoit été d'obtenir du
poëte une piece sur ce ton qui fixât les
idées du peuple; mais comme les pieces
de poéfies ne fe commandent point, le
poëte n'avoit pu faire pour l'acquit de l'a-
mitié qui le lioit au ministre, qu'une piece
incertaine qui lui avoit fort coûté, & qui
faute de bafe devoit vifiblement refter fans
effet. Il me la lut. J'y vis des idées brillantes, mais qui ne portoient point. On
y trouvoit à propos des fubfides : *Le fleuve
coule encor, mais la fource eft tarie*. Et
il étoit fenfible que le fleuve ne couloit
plus, & que la fource n'étoit ni tarie,
ni tariffable. Enfin on imprime cette piece
avec luxe : on la diftribue : & l'opinion
publique fe roidit encore davantage contre
les opérations du ministere.

Cependant on examinoit ces députés. On
les calculoit : on les mefuroit : le peuple
n'y voyoit perfonne pour lui. L'ordre des
avocats n'y avoit point de notables : les
univerfités, aucun : les grands manufactu-

riers, aucun : les armateurs, aucun. Des villes qui à peine passeroient pour des bourgs y avoient cinq députés : la Ville de Lyon n'y en avoit qu'un. Tout dans cette composition étoit marqué au coin de l'aveuglement & de l'imprudence du Ministre qui l'avoit conseillée. Comment, avec tant d'esprit, peut-on ne pas sentir qu'on est infailliblement entraîné par les oppositions secondaires, quand on néglige à ce point les détails.

Dans les sociétés, on échauffoit l'esprit de ceux qui étoient désignés notables : & on se montroit par-tout préparé à imputer à foiblesse condamnable toutes les facilités qu'ils auroient pu donner au ministere. C'est dans ces dispositions que tout se trouvoit, lorsqu'on ouvrit l'assemblée à Versailles dans une salle de l'hôtel des menus-plaisirs.

M. de Calonne avoit négligé de proposer au Roi une étiquette d'honneur pour la tenue de cette assemblée. On s'étoit reglé sur les dernieres rubriques de Louis XIII presque en minorité, & de Henri IV dans l'embarras des guerres civiles: On se borna à présenter ces notables au Roi qui les installa dans leur travail par une séance de demi-cérémonie. Cependant le ministre devoit aisément voir que cet accueil n'étoit pas en mesure avec l'importance de la chose. On sait que quand nos rois reçoivent le peuple ou ses commissaires, ils se tiennent dans l'appareil qui développe toute la grandeur & toute la sainteté de leur caractere. Les simples députés des provinces d'État ont une réception honorifique. Le maître des cérémonies leur fait les honneurs du palais & des jardins. On eût vu avec sensibilité le roi recevoir les notables sur son trône, passer une journée en simarre, la reine tenir un sallon de gala avec ses augustes enfans, & pendant quelques jours de grands spectacles donnés, de superbes jeux exécutés, des vins d'honneur offerts, quelques festins ordonnés, enfin tout ce qui pouvoit rappeller non sans grace nos antiques communications, nos rapprochemens Francs & Gaulois, nos santés & nos serremens de mains, qui domptent au fond des cœurs les mécontentemens, & qui ont si souvent ramené la concorde dans l'État comme dans les familles; quelque peu de ces façons nationales eût cassé toutes les idées d'opposition dans lesquelles le peuple & les notables se renforçoient. Mais le ministre voyoit tout dans la bonté de ses projets, l'assemblée des notables ainsi que les assemblées provinciales lui paroissoient pouvoir s'employer comme moyens d'expédiens; & il s'y livroit sans précaution & sans avoir où se replier : à peu près comme un général qui, pour ouvrir la campagne, eût ordonné de grand matin une bataille générale en terrein désavantageux, en ayant soin de se mettre au premier rang avec sûreté d'avoir le premier coup. Celui-ci l'a obtenu.

L'assemblée s'ouvre : le roi y parle avec la bonté, la franchise, la vertu qui le caractérisent. Le contrôleur général explique ensuite ses projets avec une grace & une confiance dignes d'une meilleure fortune.

Les bureaux se forment. On examine les propositions du ministre. On voit qu'en comblant le déficit, il propose de soulager le peuple, & de mettre toutes les augmentations à la charge de la noblesse & du clergé. Mais une imprudence majeure perce au travers de ces belles dispositions : c'est l'établissement d'une capitation roturiere sur les habitans des grandes villes. La noblesse & le clergé sont trop heureux de trouver le moyen de s'acquitter envers le tiers-état, en rejettant cette imposition faite pour le blesser : & à la faveur de ce procédé, ils entreprennent de rejetter tout ce qui pouvoit êt  à leur charge.

C'est ici que le ministre voulut appeller l'opinion publique à son secours par un mémoire imprimé. Les notables y répondirent par un arrêté formidable qu'ils demanderent qu'on imprimât, & qu'on publiât également. Le gouvernement prit le sage parti de supprimer les deux pièces. Qui pourroit exprimer les difficultés sans nombre, les subtilités multipliées, les dé-

mandes extraordinaires, les étranges allé-
gations, qu'oppofoient tous ces notables aux
projets du miniftre ? Il fit la plus fuperbe
réfiftance. Comme on vit qu'en l'attaquant
fur fes projets on ne faifoit que lui faire
déployer fa force & leur juftice, on chan-
gea de batterie. On le prit au perfonnel.
On l'attaqua fur fon miniftere paffé qui
n'avoit été qu'un tiffu de généreufes impru-
dences, qui, fans qu'il y eût la moindre pré-
varication, prêtoit le flanc de tous côtés
aux reproches. On vit pleuvoir des mémoires qui l'inculpoient de mille manieres.
On le rechercha fur un échange de do-
maines; comme fi depuis qu'on fait des
échanges avec le roi, ils n'étoient pas tous
des objets de grace & de faveur. De fon
côté le contrôleur général perdit la tête.
Il voulut s'en prendre aux autres miniftres
des difficultés qu'il éprouvoit. Il obtint la
révocation du garde des fceaux, homme
doux qui blâmoit fes expédiens fans s'y
oppofer. Il voulut aller plus avant. Il fuc-
comba enfin, & fut renvoyé.

Telle a été la fin de ce miniſtre, auſſi bienveillant que téméraire, qui avoit toujours procédé avec de bonnes vues & de mauvaiſes formes, qui avoit plu au roi, parce qu'il avoit ſu intéreſſer ce prince par l'eſpoir de remplir tous ſes engagemens, de faire beaucoup d'établiſſemens avantageux au peuple, de ranimer le commerce, l'agriculture & les arts, enfin d'établir de plus en plus une honnête égalité, capable de réparer tous les maux que la ſurcharge des impôts eût pu faire. Ce qui l'a perdu eſt viſiblement ſon trop de confiance dans ſon intelligence & dans ſes expédiens. Et je remarque que les expédiens qui font réuſſir les petites affaires, tuent preſque toujours les grandes. Il faut, pour venir à bout de celles-ci, avoir des baſes juſtes, & procéder avec beaucoup de franchiſe, de vérité & de gravité.

Je ne vous parle qu'en paſſant d'un léger incident qui voulut détourner un moment l'attention. Il apparut au milieu de toute cette diſſenſion une brochure qui prétendit

percer. M. Necker, cet ancien adminiſtrateur, qui avoit été un des grands fondateurs du déficit, avoit auſſi fondé une ſecte.
Cette ſecte avoit pour article de foi la vérité du compte qu'il avoit rendu en 1781. Il
falloit croire à ce compte pour n'être point
aux priſes avec cette ſecte : & M. Necker
étoit bien aiſe qu'on pût croire à ce compte.
Il apprit que M. de Calonne avoit établi
devant les notables des propoſitions contraires. Il fit une petite brochure pour
ſe juſtifier, & pour demander d'intervenir.
Il parut biſarre qu'il interrompît de ſi grands
intérêts pour défendre l'honneur de ſes
calculs. Cette indiſcrétion nouvelle déplut
au gouvernement. Il fut relégué en pro-
vince, & le public l'oublia après quelques
brouhaha.

Je n'approfondis point par quelle cauſe
ſecrette M. de Calonne, qui n'a rien fait au
bas peuple, eſt aſſailli par le bas peuple à
ſon paſſage à Verdun : comment il eſt dénoncé au parlement : comment on parvient
à le faire priver de ſes honneurs : comment

on le force à manquer au pays même, en
cherchant un asile dans l'étranger : comment
on l'accuse d'avoir pendant quatre ans de ministere dilapidé trois milliards : comment, au
défaut de traces du passage de cette énorme
somme, on suppose qu'il a eu la stupidité de
la donner à quelque prince étranger : comment on suppose qu'un prince étranger a eu la
bassesse de la recevoir, sans recevoir ensuite
son bienfaiteur à bras ouverts. Je suis témoin
& témoin intime de l'administration de M. de
Calonne. Je n'en ai reçu aucun bienfait. J'ai
à me plaindre sensiblement de son indécente
inattention ; mais ce mécontentement ne sauroit influer sur l'idée que je dois en donner.
Je ne lui connois aucune faute ni contre le
roi, ni contre le peuple, ni contre l'honneur:
& je ne trouve rien à blâmer en lui que la
plus inconcevable imprudence. Mais il a
attaqué de certains privileges, & il n'étoit
pas en regle. *Tantæne animis cœlestibus iræ!*

Cependant la place de garde des sceaux
est donnée à M. de Lamoignon. La probité, le patriotisme, les lumieres & l'amour

du

du travail héréditaires dans sa maison,
donnent au public les plus grandes espé-
rances. La place de chef du conseil des
finances est donnée à M. de Brienne, prélat
qui jouissoit dans le monde de la réputation
d'un homme d'état. Le choix de ces deux
personnages suspend pendant quelque tems
les menées. Le public s'attendoit même à
voir tout rentrer dans l'ordre accoutumé.
On croyoit que l'assemblée seroit rompue,
après la retraite du ministre, qui y avoit
donné lieu. Le conseil prit le parti de la
suivre. Elle n'en devînt pas plus conciliante.

Je ne vous raconte point comment tout
devint confus & impolitique dans cette
assemblée, comment la loi qui y permit
l'exportation des bleds, y fut regardée comme une loi de faveur qui pouvoit enrichir
des propriétaires de terre en France. Je
ne vous dis point comment & combien de
fois on demanda où en étoient les retranchemens de la cour. Jamais le peuple Romain n'a parlé au sénat avec cette véhé-
mence. Les arrêtés des notables couroient

C

tous les cercles : & les efprits s'échauffoient toujours davantage. Rien ne put fe finir: & on n'arrêta dans cette affemblée rien autre chofe que ce qui étoit au détriment de l'autorité du roi & des franchifes du peuple; c'eft-à-dire, la compofition d'ad-miniftrations provinciales ariftocratiques. Le roi fit hâter les derniers travaux de cette affemblée, & la termina à la grande fa-tisfaction des bons citoyens, que toute cette agitation inquiétoit, & qui voyoient avec effroi qu'on ébranloit ainfi la conftitution jufques dans fes fondemens.

Le déficit n'ayant point été amoindri par toutes les difficultés qui s'étoient faites, M. de Brienne fit un emprunt pour obvier aux dépenfes les plus inftantes. Le parle-ment ne s'y refufa point. De chef du confeil des finances M. de Brienne étant devenu miniftre principal, voulut améliorer le fonds des affaires, & on porta à la vérification du parlement deux loix, l'une qui établif-foit une fubvention territoriale à raifon du dixieme : l'autre qui établiffoit un impôt indirect de timbre fur tous les contrats du genre fimple, qui circulent dans le commerce. Ces deux impofitions épouvanterent toute la France. Les difficultés des notables n'avoient que trop difpofé les efprits à la réfiftance.

Il eft difficile de décrire des chofes, dont on défireroit plutôt anéantir la mémoire. Mais vous favez que l'oppofition a été générale. Quoique le dixieme demandé ne fût en effet que les deux vingtiemes déjà établis, on a trouvé que ce dixieme à perpétuité, cumulé avec tous les impôts indirects, feroit une charge infupportable. Et l'impôt du timbre a paru mettre des entraves dangereufes au commerce. Le parlement a fait des remontrances : on l'a voulu contraindre : il a refifté : le peuple s'eft ameuté : le parlement a été transféré à Troyes, & la confternation a été générale.

Il y avoit dans tout cela un très-grand malheur : c'eft que l'on péchoit dans les formes autant que dans le fond. Le mi-

niftre principal, accablé, dans le commencement de fon adminiftration, des détails
dont il falloit qu'il s'occupât, avoit pris
de fort mauvaifes plumes pour rédiger ces
loix. Des phrafes obfcures & barbares en
déroboient par-tout le fens. On y faifoit
de faux calculs : on y développoit des
fentimens défagréables. On y établiffoit
entr'autres que les produits du territoire
ne s'élevoient qu'à huit cens millions : ce
qui mis en oppofition avec cinq cens millions
qu'il étoit notoire que le roi tiroit à lui feul
de fes peuples, rendoit toute augmentation
plus inadmiffible. Heureufement il étoit connu que les produits du territoire vont à
plus du double, que les produits du commerce & des échanges fur ce fond, le
triplent, le quadruplent, & finiffent par
être incalculables fous une adminiftration
intelligente. Entre autres fentimens défagréables on y voyoit l'efpionnage parmi
les citoyens, établi comme un moyen d'a-
mélioration de l'impôt : c'eft-à-dire, ce
qu'il y a de plus contraire au caractere

national, qui porte à défirer l'avantage de fon voifin autant que le fien. La loi du timbre étoit également hériffée d'articles comminatoires qui révoltoient : elle étoit d'ailleurs purement burfale & fans aucun prétexte de police. Tous les tribunaux fupérieurs fe virent dans une forte de néceffité de réfifter à l'enregiftrement. Les infurrections renaiffoient à la moindre idée qu'on pût les admettre.

C'eft un rôle bien embarraffant à jouer que celui d'un magiftrat de cour fupérieure, dans l'enregiftrement des loix qui déplaifent au peuple. Il faut qu'il réfifte à l'autorité pour le bien même de l'autorité. Le peuple eft là pour le déshonorer, s'il ne le fait point; & il faut qu'il encoure la difgrace du roi pour le fervice du roi même. Son vœu eft fans doute d'obéir, & il ne fauroit réfifter par fantaifie, car dans ce cas fa peine feroit double, il feroit difgracié par le roi & déshonoré par le peuple. Le parlement de Paris avoit le tems de méditer fur cette fituation à

C iij

Troyes où il étoit retenu, & où il continuoit de protester en qualité de conseil populaire, contre l'octroi des nouvelles impositions; il justifioit ses refus par la demande des états-généraux, & il assuroit que la nation assemblée avoit seule le droit de consentir une aussi forte & aussi longue aliénation de ses propriétés.

Cette proposition, qui n'étoit point une nouveauté, en a paru une des plus extraordinaires. On est revenu sur le passé, & l'on a dit: mais si le parlement n'a pas le droit de consentir les impôts, tout ce qui en a été exigé jusqu'à présent étoit donc illégal. Non: parce que tout ce qui avoit été enregistré jusques-là avoit été en effet consenti tacitement par la nation; au lieu que la réclamation a été générale contre ceux-ci, attendu leur perpétuité & leur mesure, & que s'ils n'eussent pas été arrêtés au parlement, ils l'eussent été dans l'exécution dont on eût bientôt senti l'impossibilité.

Au milieu de toute cette confusion, il

partit de Versailles un coup de lumiere,
qui ne paroissoit pas ensemble avec la conduite du gouvernement : il fut sans doute
dû à l'excellence du cœur du roi. Et il n'y
avoit en effet qu'un prince vraiment grand,
qu'un esprit plein de droiture, un monarque
vraimentpersuadé de sa force, qui pût prendre un pareil parti. On retira les édits,
& l'on remit les impositions sur l'ancien
pied pour cinq ans. Henri IV étoit revenu
de plus loin. Il n'y eut qu'un cri dans
Paris pour applaudir. L'on s'attendit bien
que le parlement passeroit tout. On ne se
trompa point. Cette compagnie toujours
ensemble avec la voix publique enregistra
la loi sur le champ, non-seulement sans
remontrances, mais avec une lettre de re-
mercîment de la bonté du monarque, qui
avoit su peser dans son ame royale &
patriotique le malheur des circonstances.
Cette lettre décernoit au roi la qualité
qu'avoit eue Charles V. Peut-être cette lettre
ne fut-elle pas assez accueillie à Versailles.
Une compagnie de magistrature qui étoit

dans ce moment un organe sûr & avoué de l'opinion publique, & qui donnoit au roi le titre mérité de *Louis le fage*, étoit peut-être faite pour exciter davantage la fenfibilité de la cour. Mais ce titre précieux n'en reftera pas moins à cet excellent prince, & nous efpérons que les événemens à venir ne feront que le rendre plus ineffaçable.

Cependant les brouillons qui voyoient ainfi les chofes fe calmer, tomboient de leur haut. Mais, difoient-ils, le parlement ne pouvoit point tout-à-l'heure confentir les impôts, & voilà qu'il en enregiftre un pour cinq ans. Oui, l'obéiffance du parlement eft toujours bonne, & fa réfiftance n'eft bonne que quand elle eft placée & avouée. En tout état le parlement doit obéir & enregiftrer, à moins que la loi n'entraîne un changement notable & fâcheux dans l'ordre public. Et dans ce dernier cas il ne peut pas encore réfifter comme magiftrat, mais comme citoyen. Sa réfiftance eft toujours cenfée extraordinaire. C'eft le *falus populi, fuprema lex.* C'eft la proteftation de l'homme rebuté qui avanture fa condition pour ne point faire une chofe qui lui répugne. Le parlement n'étoit plus dans cette fâcheufe pofition. Il fit grandement d'obéir; & le roi le rendit auffitôt à la Capitale.

Je n'entame point le récit de la nouvelle querelle de la cour avec le parlement pour les emprunts, quoique commencée en 1787, parce que les fuites n'en font point encore développées, & qu'elles peuvent s'étendre au loin fur les années fuivantes, fi les efprits continuent à s'aigrir. L'exil de M. le duc d'Orléans, que l'hiftoire remarquera, en eft un effet trop notable. Le zele de ce prince pour le bien du roi auroit-il pu être révoqué en doute? J'ignore à quel point on peut compromettre un prince du fang à fon infçu. Mais j'ai les plus fortes raifons de croire que M. le duc d'Orléans n'a point fciemment mérité fa difgrace. Pourquoi ce prince m'auroit-il honoré de fon attention, moi qui n'ai jamais traité que de l'unité & du maintien de l'autorité du roi? Certainement M. le duc d'Orléans ne se gêne point assez pour m'avoir accueilli, si ce que j'ai dit n'étoit pas en effet conforme à ce qui est dans son cœur. Le plus léger éclaircissement doit suffire pour dissiper à jamais ce nuage.

Sans doute que lorsque ceci verra le jour, tous les maux ou tous les biens qui peuvent résulter des mouvemens présens, seront consommés. Mais il n'est pas possible de prévoir rien de fâcheux pour les parlemens d'un garde des sceaux qui porte le nom de Lamoignon. Et si d'un autre côté les vues du ministre principal, paroissent avoir quelque incertitude, c'est sans doute la faute des circonstances, & il attend le moment de tout réparer. Cependant plus ce moment devient difficile, plus il faudra qu'il soit délicat sur les expédiens; car si son administration n'est pas sublime, il faudra qu'elle soit..... Mais loin d'ici toute parole fâcheuse qui sans doute n'aura jamais d'application. M. de Brienne ne doit avoir, & n'a par conséquent en vue que

le maintien de l'autorité du roi & de la
liberté du peuple. Et je ne me permettrai
pas même de conjecturer sur des démar-
ches qui ont l'air d'être favorables à des
partis, mais qu'une haute prudence peut
encore tourner à l'avantage de la chose
publique.

Parmi les autres ministres, un seul, M. le
baron de Breteuil, conserve dans son département la discipline ancienne, & ne se
montre point favorable aux innovations qui
tendent à diminuer l'autorité royale. Aussi
est-il en butte à toutes sortes d'intrigues,
dont il triomphe à force de justice, de
fermeté & de persévérance dans le bien
qu'il fait. Ce ministre, dont les brouillons
disent tout le mal possible, est celui qui
paroît travailler avec le plus de succès à
l'utilité publique. Et il mérite d'autant plus
que les lettres lui élèvent un monument
dans la mémoire, que le bien qu'il fait,
est d'un genre à produire de grands effets
sans jamais en rappeller la cause. Une
colonne élevée, un obélisque, un temple

déposent en faveur de celui qui les a fait construire : mais on ne pense plus à des décombres élagués, lorsqu'on ne les voit plus : mais le peuple en foulant de superbes quais, en parcourant des rues commodes, en jouit comme d'une chose simple. C'est à ceux qui les ont vu former, c'est à ceux qui ont vu l'état de barbarie & d'insalubrité où Paris étoit encore de nos jours, à en instruire ceux qui jouiront du bienfait, afin que la reconnoissance le rende d'autant plus visible à la postérité, que la trace peut en être plus facilement perdue. D'ailleurs travailler avec cette intrépidité & ce succès, à l'ordre public, tandis que le désordre croit s'établir solidement par d'autres côtés, s'avancer d'autant plus dans la netteté que d'autres s'enfoncent plus loin dans la confusion, c'est conserver un point à la chose publique capable de la rétablir bientôt toute entiere. La barbarie chassée d'un côté est toujours autant de chassé. Et la belle distribution d'une capitale est ce qui s'oppose le plus à ce que la barbarie y rentre jamais. On n'abrutit plus un peuple bien logé. Je comparerois la civilisation à un vase à plu-sieurs embouchures : on ne sauroit verser de la liqueur dans l'une, qu'elle ne s'é-leve également dans les autres. M. de Breteuil verse abondamment dans le côté qui est à sa disposition. Et je voudrois bien que ce foible éloge pût acquitter un peu envers lui la reconnoissance publique, en perpétuant la mémoire de sa bienfai-sante administration.

Si les services que M. de Breteuil rend à la France sont incalculables, on ne sauroit croire le tort que nous fait la molesse & l'esprit d'indécision qui reculent depuis si long-tems l'exécution du muséum que le roi a projetté, & pour lequel il a déjà acquis tant de richesses. Dix souverains étrangers, depuis dix ans, ont traversé la France. Tous possedent & offrent chez eux à l'attention de leurs peuples des chefs-d'œuvres mobiliaires. Ils n'ont rien vû d'étalé chez nous dans ce genre : tout est rentaffé dans d'obfcurs gardes-meubles. Ils ont remporté l'idée que nous ne favons point parler aux yeux, point fixer l'attention fur nos alentours, point goûter la gloire paifible des arts, que nous ne favons qu'être perfonnels & légers. Ils ignorent que le vœu conftant de la nation eft trahi par un fervice fans énergie. Car l'excufe du manque de fonds n'eft point admiffible. Les finances manquent, dit-on, pour achever le louvre, le capitole des François, elles manquent pour achever le muféum. Mais on en a trouvé pour bâtir la monnoie : mais on en a trouvé pour bâtir l'école de chirurgie : mais on en a trouvé pour bâtir l'école-militaire : mais on en a trouvé pour conftruire vingt palais. Non : ce n'eft point les finances qui manquent, c'eft une volonté forte & droite. La véritable caufe qui interrompt le louvre & le muféum, c'eft que le louvre & le muféum n'ont plus d'intrigue qui les portent, ne font plus la réputation de tel ou de tel, à qui telle femme ou tel courtifan veulent donner une fortune, & qu'ils n'offrent à l'intérêt de leurs adminiſtrateurs que l'avantage publique & la gloire de la nation.

C'eſt ainſi qu'eſt ſervi, dans preſque toutes les occaſions, le monarque qui a les vues les plus conſtantes pour le bien de ſes peuples, qui ſera plus qu'un Henri IV s'il peut rencontrer un Sully, puiſqu'il joint les mœurs à l'amour de la juſtice & à la popularité qui a fait la gloire du premier des Bourbons. La reine.... que ne doit-on pas en attendre! Et de quel aveuglément barbare ne faudroit-il pas être frappé pour ne pas voir que ce ſera de cette princeſſe, également bonne mere & bonne épouſe, que viendra le bonheur de la France? Loin de la dégoûter des affaires, il eſt bien plutôt à déſirer qu'elle puiſſe s'en occuper avec plus de ſuite & d'attention. Qui eſt-ce qui a le plus d'intérêt à voir proſpérer la France que l'épouſe du roi, que la mere du dauphin? C'eſt ainſi que je vois les choſes : & peut-être ai-je juſqu'ici montré quelque pénétration. Ce ſera la reine qui décidera de la gloire de ſon auguſte époux,

& qui après l'avoir vu livré trop long-tems à un comte de M... à un comte de V..., l'encouragera à se livrer enfin, à lui-même & à son peuple, & à renvoyer au loin tous les flatteurs, & tous les gens de parti, qui ne sont faits que pour l'égarer.

Mais, dira-t-on, comment a-t-on pu flatter le roi, que tous les propos douce-reux ennuyent & révoltent. On l'a flatté, sinon par des discours, au moins en ca-ressant trop ses plus fortes inclinations. Or la plus instante de ce prince, ami de la justice, est de faire face à ses engagemens, & de rendre la nation brillante. Vous aurez de quoi payer, Sire, en faisant cela ou cela : & voilà qu'on lui a proposé des sacrifices de son autorité. Ce prince y a bien vu quelque désordre; mais il a été ébranlé par son desir dominant de se montrer loyal dé-biteur, & monarque secourable. Vous aurez de l'argent, Sire, par ce moyen pour faire telle amélioration. Ou bien si vous résistez à prendre tel parti, Sire, vous ne pourrez pas vous procurer de l'argent. Tous les

projets

projets ont été pour de l'argent. Eh! non:
ce n'eſt point en en cherchant ainſi qu'on
en obtient. Des trois dons offerts à Salo-
mon, il ne demanda que la ſageſſe, & il
eut avec celui - là la richeſſe & les grandeurs. Cherchez l'ordre & vous aurez de
l'argent ; conſervez votre autorité, vous
augmenterez vos revenus. Mais plus on fera
de ſacrifices, de retranchemens, & de ren-
verſemens, plus on s'éloignera du but qu'on
ſe propoſe : plus on fera de mécontens:
plus on trouvera de réſiſtance, moins on
fournira aux peuples de moyens de ſubve-
nir, plus on arrêtera le commerce & les
échanges, & plus on affoiblira le monarque
& le royaume.

La conſervation du crédit eſt encore un de
ces prétextes dont on abuſe pour entretenir
le déſordre des affaires du roi. Il ſemble que
le monarque des François ſoit un marchand
haſardeux, dont les rentrées ſont incertaines
& à qui tout va manquer, s'il ne paye pas
à tel jour & à telle heure. Eh! les rentrées
du tréſor royal ſont certaines & éternelles

comme le fol, comme les échanges qui les produifent. Un contrôleur-général fage ne donnera jamais un écu pour avoir de l'argent plutôt qu'il ne doit venir. Quand on ne voit pas d'argent au tréfor royal, on perd la tête. Il n'y a pas d'argent : voilà un grand malheur : mais il y en aura dans un mois, dans huit jours, demain, tout-à-l'heure. Il n'y a rien de plus évident. Trouvera-t-on au monde un débiteur qui préfente plus de fûretés? On s'affranchiroit de fes tranfes mercantiles, fi l'on fentoit bien la force de fon exiftence, & fi l'on ne fe mettoit point fottement en parité avec des banquiers qui n'ont que des moyens factices, bourfoufflés & éventuels.

On arrêteroit également l'agiotage, qui ôte à l'induftrie toutes fes reffources, fi l'on ne fe fervoit pas pour l'entretenir de ce malheureux prétexte du crédit. Eh! qu'importe que cent imbécilles, efcortés d'autant de frippons, croyent qu'un effet, qui fera très-fûrement bien payé, vaut moins aujourd'hui qu'hier. Comme il n'y a pas de raifon pour

varier fur fa folidité, un miniftre doit, dans
tous les tems, méprifer les effets de ce jeu.
Au refte il conviendroit auffi de lui ôter fon
aliment en conftituant une grande partie de
ces effets : car on doit fentir qu'il en circule
fur la place beaucoup plus qu'il n'y a de
difpofitions à faire parmi les citoyens.

Jamais il ne roule d'idées fauffes dans
l'adminiftration qu'elles n'enfantent tôt ou
tard quelque mauvais projet. Quand je les
vois s'élever, fe nourrir, s'étendre, j'en
attends toujours un orage. Dans ce moment
on répete par-tout que l'églife n'eft plus fanatique, & qu'ainfi on ne rifque plus rien
à lui rendre fon influence fur les affaires
publiques. On dit auffi que la nobleffe aujourd'hui eft éclairée, & qu'en lui redonnant
beaucoup de pouvoir, on ne verra plus
revenir la barbarie. Conjurons ce gros tems.
Hâtons-nous d'obferver que tous les gens
fenfés concluront le contraire des deux
propofitions, & qu'ils diront: L'églife n'eft
plus fanatique, parce qu'on lui a ôté les
moyens trop nombreux qu'elle avoit de

dominer & d'échauffer les efprits. Il faut continuer dans cette fage réferve, parce que les mêmes caufes produifant les mêmes effets, il eft raifonnable de croire qu'en lui rendant fon influence, les anciens abus renaîtront. Il en eft de même de la noblelle, on eft parvenu à la rendre éclairée & polie, en ne lui donnant du pouvoir & des offices que concurremment avec le mérite : fi on lui rend la primauté, comme noblelle feulement, elle fe repofera, comme autrefois, fur cette qualité, & rejettera tout dans la barbarie. Si l'églife eft tranquille & citoyenne, elle jouit de la confidération qui eft due à cette conduite prudente. Il faut la maintenir dans cette jouillance. Si la noblelle eft polie & fociale, elle en retire des avantages innombrables ; il faut les lui conferver, & ne fonger qu'à entretenir la force d'un gouvernement, qui fait mettre ainfi les ordres de l'État dans leur plus brillante & leur plus parfaite harmonie.

Et qu'on ne fe fie pas à dire : ceci n'arrivera plus : la nation ne foufrira plus cela:

notre caractere s'oppose à ce que l'on en vienne à telle chose. Tous les maux possibles arrivent aux peuples qui ne savent rien prévoir & rien conserver. Dans le même lieu où Athenes florissoit, regne la plus cruelle barbarie, rampe le plus lâche esclavage. Les murs où Scipion a triomphé, où Caton a gouverné, où Ciceron a parlé, s'honorent de renfermer des généraux de mendians, & un peuple qui en differe peu. Nous-mêmes avons déjà été plusieurs fois opprimans, opprimés; civils, barbares; célebres, ignorés; humains, fanatiques; malheureux, fortunés. Notre caractere aujourd'hui se développoit entier, & paroissoit dans tout son brillant : nous jouissions de tous nos avantages, parce que notre gouvernement étoit parvenu au point de nous être parfaitemennt convenable. Semblables à un athlete que la nature avoit bien formé, & qui après avoir été gêné long-tems dans des habits qui lui étoient peu commodes, parvient à s'en procurer d'une forme à la taille & favorable à ses mouvemens; il déploye alors

D iij

toute fa force, toute fa grace, toute fon agili-
té. Sachons refter dans cette favorable fituation, & conferver une maniere à laquelle nous
devons tant de bien-être & de confidération.

Enfin l'on attend les états-généraux. On
les promet. Qu'en réfultera-t-il? Que des
troubles nouveaux, fi l'on continue à ne
faire que des mécontens, fi le gouvernement
continue à trahir le gouvernement, par
foibleffe, par ignorance ou par efprit de
parti. Mais fi l'on fe réfoud à les tenir,
qu'on obferve fur-tout d'y parler aux yeux,
que cette affemblée mémorable foit célé-
brée avec toute la pompe & toute la gravité
qui conviennent à fa fin. Et pourquoi tous les
contrats importans ont-ils, depuis l'origine
des tems, été entourés de formalités & de
cérémonies? C'eft pour fixer les efprits fur
leur feule importance, & les éloigner de
toute penfée étrangere ou contraire à leur objet. Que doit-on donc imaginer d'affez augufte
pour la tenue des états-généraux du peuple
François? Que le roi y paroiffe donc en
roi ; que toute la pompe dont il peut être

entouré, y ſoit déployée : que le lieu ſoit magnifique : qu'il rappelle tous les tems de la France : qu'on y trouve par-tout tracés, nos vertus, nos proſpérités & même nos malheurs. Que tous ceux qui s'y rendront, ſoient avertis par les habits pompeux dont ils ſeront revêtus, des ſentimens que leur cœur doit y apporter. Que des prieres générales en ouvrent & en ferment la ſolemnité. La France doit tout au Ciel, elle en doit tout attendre : elle doit tout y rapporter. Que des jeux magnifiques, des tournois, des joûtes, des courſes de chars & de chevaux, que des feſtins ſomptueux en terminent l'appareil. Alors la nation pourra les avouer, le roi pourra y paroître d'une maniere digne de lui, & ſans y compromettre une autorité conſacrée par quatorze ſiecles. Alors le roi pourra renouveller cette célébration de cinq ans en cinq ans, & en faire une époque nationale, comme les olympiades l'étoient chez les Grecs, comme le cens par luſtre l'étoit chez les Romains. Et cette aſſemblée, loin

d'être un objet d'espérance pour nos ennemis, par les divisions qu'elle a coutume
d'apporter, les écrasera par le spectacle de
notre force & de notre union, & fixera
sur nous l'attention, l'estime, & l'amour
de tous les peuples.

Mais si le roi tient les états - généraux
selon la composition surannée qui est très-
contraire à l'ordre établi, s'il les tient,
dis-je, avec l'église en tiers, il est bien
de son intérêt qu'il mette les parlemens
pour beaucoup dans leur composition, afin
de sauver le clergé lui-même de ses principes étrangers, d'en donner à la noblesse
qui en manque trop souvent, & de faire
prévaloir par-tout les principes nationaux
dont ces compagnies sont le foyer. Il est
aussi de l'intérêt des parlemens de rester
du côté du tiers - état, pour y conserver
une force utile au peuple & au monarque. Car il ne faut pas se le dissimu-
ler, les grand'chambres des parlemens
sont ce qu'il y a de plus instruit & de plus
expérimenté dans le royaume. Les divisions

qui régnent entre ces compagnies & la cour, ont indifpofé le prince contre elles; mais on reviendra de toutes ces préventions, quand on réfléchira qu'on les a trop aigries, qu'on a voulu trop les humilier, quand on fentira qu'on n'obtient rien des hommes rebutés, & qu'il y a un certain point où l'on ne peut plus ni fervir, ni obéir, où l'on ne peut plus que tout abandonner & mourir. Henri IV recommandoit dans le gouvernement l'ufage du miel. On trouvera plus d'une fois dans les bons mots de ce prince de quoi fauver la patrie.

En attendant l'événement de cette affemblée, pourquoi le roi ne chercheroit-il pas à faire faire des diverfions aux efprits depuis trop long-tems appefantis fur le même objet? Pourquoi ce prince, & fon augufte époufe ne fe montreroient-ils pas plus fouvent à leur peuple? Quelques murmures de brouillons une fois calmés, ils verroient bientôt leur préfence faire renaître partout l'efpérance & la joie. L'étiquette les gêne, mais cette étiquette arrêtée fous

Louis XIII est-elle si sacrée qu'on n'y puisse réformer beaucoup de choses? Les souverains d'Allemagne & des Pays-Bas vont manger en ville, visitent même de simples citoyens. Nos rois ne s'en abstiennent que depuis un siecle. MM. Brochant conservent encore les sieges sur lesquels s'asseyoit Henri IV, lorsqu'il venoit faire chez eux les emplettes de sa maison. Pourquoi nos princes ne chercheroient-ils pas encore à ranimer le commerce, & à entretenir le bon goût par la richesse de leurs habits. N'y a-t-il pas des changemens heureux à y faire? Nous suivons depuis trop long-tems une mode bizarre de chaussure & de coëffure. La nation attend le retour de la coëffure ronde qui est notre maniere ancienne & nationale. Pourquoi le roi ne l'essayeroit-il pas? Les variations des boucles & des agraffes de notre chaussure nous demandent le retour des bandelettes & du cothurne que nous avons portés si long-tems, & qui sont si nobles & si décorans. Pourquoi le roi ne remettroit-il p as ces ornemens à la mode ? Attendrons - nous qu'une nation étrangere nous précede dans cet usage, & que nous l'apprenions de nos ennemis ? Pourquoi ne reprendrions-nous pas la ceinture & l'écharpe, cette partie de notre vêtement en même - tems agréable, utile & décente ? Et ce ne sont point là de si petites choses. On ne peut pas d'ailleurs s'occuper toujours de comptes publics, de ministres, de procès-verbaux d'assemblée. Il faut bien aussi songer un peu à reprendre cette grace suprême, cet enjouement, cette élégance, qui forment notre vraie supériorité.

Le récit des événemens de cette fatale année pourroit nous mener encore à d'autres réflexions : je me garderai bien de les épuiser. Je crois avoir rappellé dans ces lettres les principes les plus essentiels, autant que les plus méconnus de la politique. Et j'ai cru de mon devoir de les publier, comme j'ai cru qu'il seroit de la justice du gouvernement de les souffrir. Quand on veut que le public juge de tout, il faut permettre de lui tout dire. De son côté il ne faut pas que le public croye que les matieres politiques tombent sous le sens, & qu'une légere attention suffit pour décider à cet égard son jugement. Quand les Athéniens avoient un parti à prendre sur une affaire d'adminiſtration, ils n'y procédoient point qu'ils ne l'euſſent entendu controverſer par les orateurs les plus habiles. Je ne crois pas avoir été inutile à l'éclairciſſement des matieres importantes dont on s'occupe; & le zele en moi a pu ſuppléer au talent.

Ces matieres étoient épineuſes : il étoit inſtant de les développer : je n'ai ni méconnu, ni appréhendé le danger d'en parler. L'amour du bien public qui m'a inſpiré, me défendra. Je ne crains point du tout la haine du clergé dont j'ai prouvé qu'on devoit reſtreindre l'influence dans les affaires publiques. Les perſonnages pieux de cet ordre m'en ſauront gré : & j'ai dans la nature même de mes raiſons de quoi me ſoutenir contre les autres. Ils ne pourroient me faire du mal ſans mettre tout-à-fait à

découvert leurs déraisonnables prétentions.
Pithou a rédigé les libertés de l'église Gal-
licane dans un siecle moins éclairé, & Pithou a vécu tranquille & respecté.

La noblesse aura sans doute eu peu d'é-
crivains qui en ayent parlé d'une maniere
aussi grande & aussi élevée. Elle ne mé-
riteroit pas mes éloges, si elle pouvoit
s'offenser de mes critiques. Elle ne seroit
plus la noblesse, si elle prétendoit se faire
servir par l'État & non le servir & l'illustrer.

Quant au tiers-état & au peuple, j'ai
montré que tout devoit se rapporter à lui,
qu'il étoit le fond de la chose publique,
le soutien des grands, l'appui de la monarchie. J'ai démontré jusqu'à l'évidence que,
quelqu'importance que l'on doive ajouter à
des assemblées de parlemens, d'états-généraux, de cours plenieres, l'opinion publique est encore plus forte, plus sacramen-
telle que tout cela : que ce ne sont là que
des moyens de rapprochement, des pourparlers, des conseils, des formes : que le roi
est constitutionnellement seul souverain : que

le peuple n'a de repréſentant réel que lui-
même & ſon roi, & qu'enfin, ſi la qualification de la république Romaine étoit *le
Sénat & le peuple Romain*, celle de notre
monarchie eſt néceſſairement *le Roi & le
peuple François.*

Ces vérités, publiées avant la tenue des
états-généraux, pourront rappeller aux membres de cette aſſemblée, que ce n'eſt pas
ce qui leur convient perſonnellement qu'ils
doivent y demander, mais ce qui convient
en effet au peuple, & que tout ce qu'on
y pourra ſtatuer de contraire à ſes fran-
chiſes & à l'autorité, n'en ſera pas pour
cela plus valide. Au reſte je ne regarde
plus aujourd'hui comme un événement indifférent, que j'aie ramaſſé dans mon diſcours ſur nos uſages tout ce que notre
gouvernement avoit de parfait, dans le
moment juſte où tout étoit ſur le point
d'être renverſé. Il étoit tems que quelqu'un
fixât par un récit tout ce qui exiſtoit,
quand tout étoit prêt à diſparoître. Je ne
ſongeois pas, tandis que je m'occupois à

tout confolider, que des gens puiffans s'oc-
cupoient du projet de tout détruire, & qu'il
partiroit en même-tems de mon obfcurité
& de leur éclat, deux fyftêmes fi différens.
Le tableau que j'en ai fait, fervira au
moins à montrer le point où l'on en étoit
en 1786, & à prouver que tout ce qu'on
y changera ne pourra jamais égaler l'enfemble où l'on étoit parvenu. Il feroit bien
confolant pour moi, fi ce tableau pouvoit
un jour fervir à rétablir les breches qu'on
a faites à l'autorité, & montrer comment
on peut encore réparer les ruines de la
nation.

De tous côtés cependant on fe met à
écrire pour démolir mon édifice, & pour
établir des principes conformes aux différens
fyftêmes qu'on veut porter. Il n'y a pas
jufqu'au fyftême féodal, qui n'ait trouvé dans
M. de Luberfac un apologifte, comme Ca-
veirac l'avoit été de la St. Barthelemi.
M. de St. Aulaire nous crie qu'un M. Ber-
gaffe eft heureux d'être né dans un moment fi favorable au développement du

beau plan de législation dont il s'occupe.
Tout s'empresse, tout se remue pour donner
des projets de loix. M. Necker va jusqu'à
la théologie. Vous vous tourmentez en vain,
magiciens de Pharaon; ma baguette dévo-
rera la vôtre. Je n'ai fait que décrire ce
que j'ai vu établi, & mon simple récit
prévaudra sur tous vos projets de domi-
nation, qui ne sont que des productions
d'amour-propre.

Des livres de politique! Mais qui est-ce
qui se rend digne aujourd'hui d'en faire?
Eh! non : ce n'étoit point un livre que tel
avoit envie d'écrire quand il a composé le
sien : il avoit envie d'arriver à tel but,
d'obtenir telle place, de parvenir à telle
considération, de forcer tel obstacle, de
gagner telle somme. Des livres de politique! C'est bien avec de telles dispositions
qu'on en fait! Être vivement pénétré du
desir d'être utile à son pays, avoir un cœur
pur, un esprit droit, une ame désintéressée,
être prêt à braver toutes les puissances,
à courir tous les dangers pour faire triom-

pher

pher la bonne cause dont on a embrassé la défense : joindre à cette énergie tout ce que la raison peut recevoir de justes orne-mens pour ne la point déparer dans ses discours , voilà ce qu'il faut qu'un orateur réunisse pour en mériter le titre. Voilà ce que j'ai cherché à déployer, sans en rien attendre & en rien désirer, que le bien de ma patrie ; car de tout ce que j'ai établi & défendu , je déclare encore une fois, que je n'en veux rien pour moi.

Ces lettres , Monsieur , sont vraies , en ce qu'il est vrai que je vous les ai écrites. Et en les donnant ensuite au public, à qui j'ai presque toujours parlé en votre per-sonne , je n'ai fait que me servir d'un moyen permis de l'entretenir : moyen qui a été employé par des hommes qui avoient autant de probité & de délicatesse que moi; & en citant Pascal , je n'ai rien à alléguer de plus. Dans les monarchies , on ne peut jamais s'adresser directement au peuple à l'occasion des événemens présens ; & la publication d'une lettre écrite à un autre , eſt le ſeul moyen reçu de ſe mettre ſur la ſcene. Heureux! ſi j'y ai paru avec ce feu divin qui réchauffe les eſprits & les cœurs ; car le bon ſens ſeul, & il eſt triſte d'en convenir, ne ſuffit point pour parler avec ſuccès devant un peuple. Il faut avoir pour ſoi, & l'adreſſe qui ſait tout dire ſans bleſſer, & la force qui ſubjugue en comblant de joie, & la grace qui ne s'acquiert point. Il ne faut laiſſer aucune arme, aucun avantage au menſonge : il faut que la beauté de la diction aide à faire ſupporter la ſévérité du ſujet ; l'éloquence eſt comme une armée qui ne marche qu'au bruit des clairons & au ſon des inſtrumens triomphaux. Et en effet, c'eſt une choſe ſi précieuſe que d'obtenir le ſuffrage d'un peuple, qu'il n'eſt pas étonnant de voir ceux qui y aſpirent employer tous les moyens imaginables pour l'émouvoir. Dans cet état, c'eſt en vain que la raiſon ſeule y prétend. Toutes les paſſions, tous les intérêts ſont mis en jeu pour la réduire & pour la repouſſer. Celui qui veut la faire prévaloir, n'a donc rien fait pour elle, s'il n'a pas, à la force de cette même raison, ajouté la vigueur d'un avantageux développement : s'il n'a pas opposé à la malice & à l'opiniâtreté de la folie, l'intrépidité du bon droit, les ressources du génie, &, si l'on peut ainsi parler, la malice de la vertu. Je ne sais pas à quel point j'ai réussi, mais j'ai assez connu les difficultés de l'entreprise, pour pouvoir espérer qu'on me saura gré d'avoir osé la tenter.

Si quelques-uns de ces ministres, qui ont tant fait parler d'eux depuis dix ans, me demandoient qui est-ce qui m'a appris toute cette politique, & d'où, avec si peu de moyens, j'ai tiré tous les principes que j'ai établis; je leur répondrois d'abord, que celui qui m'a appris tout cela, est le même qui avoit appris au bourgeois Machiavel l'art de la castramétation qu'il a montré à François premier, & l'art de gouverner l'Italie qu'il a montré aux Médicis. Et je prendrois la liberté de leur demander ensuite, qui est-ce qui peut leur avoir appris à eux , avec tous les secours possibles , le prince le mieux veillant & la nation la mieux disposée, qui est-ce , dis-je, qui peut leur avoir appris à si mal faire.

J'ai l'honneur d'être, &c.

# PROFESSION DE FOI
## D'UN CITOYEN FRANÇOIS,

### EN 1788.

JE crois en l'autorité unique, souveraine, universelle du roi, laquelle est la base de notre tranquillité dans l'intérieur de l'État, & de notre force dans l'extérieur.

Je crois que le roi est maître de sa couronne, comme je suis maître de mon champ & de ma maison, & que, s'il y avoit jamais quelqu'incertitude sur sa propriété, je ne pourrois avoir aucune bonne raison de compter sur la mienne.

Je crois que le gouvernement des rois de France n'a jamais été tyrannique, & que les moyens de notre plus grande prospérité, sont ceux où ils ont été le plus absolus.

E iij

Je crois qu'en recueillant toutes les fautes & toutes les erreurs de nos soixante-quatre anciens rois, on ne pourroit pas même en former l'ombre d'un Tibere, d'un Néron, d'un Caligula : nous n'avons jamais eu de tyran proprement dit.

Je crois que, si la tyrannie a paru en France, ce n'a été que lorsque nos rois ont laissé usurper leur autorité par des intermédiaires qui ont rendu les peuples malheureux.

Je crois qu'il y a deux manieres de diviser un État, la premiere, en répartissant l'autorité à des grands établis dans les provinces, la seconde, en répartissant l'autorité à des assemblées aristocratiques ou démocratiques. Nous avons fait l'expérience du premier cas sous le regne féodal ; nous commençons l'expérience du second.

Je crois que dans un État monarchique, le maintien de l'autorité unique exige que toute l'administration se fasse par des commissaires du roi, qu'il puisse nommer, changer, révoquer, comme son intérêt & celui du peuple l'exige.

Je crois que, si l'on peut abuser de l'autorité unique, on peut abuser encore plus sûrement de l'autorité partagée, qu'ainsi il ne faut laisser établir aucune puissance intermédiaire, parce qu'il y a plus d'espoir avec un seul maître, qu'avec mille.

Je crois qu'il n'y a en France de loix fondamentales, que celles que l'intérêt commun a consacrées, celles que le droit des gens & la raison tiennent écrites dans tous les cœurs, celles qui ont pour sanction l'évidence de leur utilité.

Je crois que les états-généraux ne peuvent porter atteinte à ces loix, parce qu'ils ne sont pas plus forts que l'évidence, que la raison, & que le droit des gens.

Je crois que comme les états-généraux ont plusieurs fois voulu autoriser des abus, & donner de la puissance à des partis, qui ensuite ont été justement abattus, il s'ensuit que les états-généraux n'ont ni le droit,

ni le pouvoir de rendre solide toute difpofition qui tendroit à donner de la confiftance
à des partis, & à divifer ou amoindrir
l'autorité royale.

Je crois que le roi a feul le droit d'affembler les états-généraux, de les compo-
fer, de les continuer, ou de les diffoudre,
felon fa fageffe, & les intérêts de fon autorité qui eft le falut de tous.

Je crois que le gouvernement François,
ayant été évidemment changé en mieux
depuis deux fiecles, il ne faut pas revenir
aux anciennes coutumes, quand elles font
abufives.

Je crois que la compofition des états-
généraux en trois ordres, le clergé, la
nobleffe & le tiers-état, étoit un abus
évident, & que le rappeller, c'eft vouloir
rejoindre des parties vivantes à des parties
mortes.

Je crois qu'il eft injufte, même ridicule,
qu'une feule magiftrature veuille faire un
ordre parmi un peuple, & le dominer du

tiers ; que les Juifs , qui étoient théocrati-
ques , ne comptoient leurs Lévites , qu'en
proportion du douzieme ; & que jamais un
abus , quelque long qu'il ait été , n'a pu
former un droit.

Je crois que , si l'on vouloit classer par
tiers le peuple François , on ne pourroit
justement le classer que de deux manieres ,
ou par hauts magistrats , propriétaires fon-
ciers , & propriétaires commerçans , ou par
nobles , bourgeois & paysans.

Je crois que , si l'on crée une chambre
pour les enregistremens , qui n'ait que cette
fonction , sa résistance étant légale , devien-
dra souvent arbitraire , & divisera avec
droit l'autorité ; que cette chambre finira
par s'arroger la puissance des éphores à
Sparte ; ce qui sera une cause continuelle
de troubles , dans une nation aussi nombreuse
& aussi pétulante que la nôtre.

Je crois qu'il est de l'intérêt du roi &
de celui du peuple , que l'enregistrement
soit conservé aux parlemens , parce que ces

compagnies tenant toutes du roi, elles auront toujours beaucoup de ménagement pour l'adminiſtration, lui éviteront des ſcandales, & ne remontreront, que lorſqu'elles y ſeront contraintes par la force des choſes. Leur réſiſtance abſolue étant toujours au fond illégale, elles ne réſiſteront que quand elles ſe verront mille fois raiſon : ce qui alors eſt un avantage pour le roi, & une tranquillité pour le peuple.

Je crois que c'eſt dans le bon choix des miniſtres que réſide la bonne adminiſtration, & non dans la multiplicité des adminiſtra-teurs ; que cette machine craint la compli-cation, & qu'elle eſt plus parfaite, à meſure qu'elle eſt plus ſimple.

Je crois que la qualité de *verſatile*, qu'on veut donner depuis quelque-tems à notre adminiſtration, eſt très-déplacée, & tend à induire le monarque & le peuple en erreur. La nature de l'adminiſtration eſt d'être ab-ſolue & entiere dans celui qui l'exerce, au péril de voir tout ſon ouvrage bientôt détruit, s'il n'eſt pas raiſonnable. Ceux qui ſe plaignent qu'on change tout, n'auroient pas voulu que tout ce qu'on a fait, depuis dix ans, eût reſté. La mobilité fait la perfection de notre adminiſtration : aucun abus n'y eſt durable : la raiſon y rentre toujours. Ceux qui voudront introduire des comités , de petites ariſtocraties , pour qu'on ſuive leurs diſpoſitions quand ils ne ſeront plus , ſont ceux qui ameneront en effet des abus. Comme il n'eſt pas ſûr qu'ils ſeront plus raiſonnables que les autres, il n'eſt pas juſte qu'on leur donne les moyens d'être plus ſolides.

Je crois que notre roi a donné une très-grande preuve de ſon excellent jugement en changeant treize fois de miniſtre , & que quand on eſt dans une mauvaiſe veine, le pis eſt de perſiſter dans ſes choix.

Je crois qu'il eſt juſte de payer des ſubſides au roi pour le maintien de la choſe publique , & pour l'honneur de ſa maiſon , qui doit ſurpaſſer celles de tous les autres princes de l'Europe, autant pour notre gloire, que pour notre sûreté & notre prépondérance.

Je crois que nous ne devons point désirer le rétablissement d'un impôt unique, quelque spécieux qu'en soit le projet ; 1°. parce que même en le forçant, on ne pourroit jamais faire consentir les peuples à donner autant qu'ils donnent ; 2°. parce qu'au premier embarras dans les finances, le ministere nous remettroit peu-à-peu les autres impôts, & que nous payerions bientôt l'impôt direct forcé, & l'impôt indirect par-dessus le marché.

Je crois que les petits payent trop, que les gens moyens payent assez, & que les grands pourroient payer un peu davantage.

Je crois qu'on couvriroit bientôt le déficit, si l'on faisoit moins de bruit, si l'on ne mêloit pas à ce travail des discussions qui lui sont étrangeres, si l'on rétablissoit l'équilibre dans l'impôt, sans changer le nom de vingtiemes, qui est dégradatif, qui annonce un terme aux furcharges, & qui promet un allégement : car un dixieme à perpétuité paroîtra toujours dur à cause des impôts indirects.

Je crois que dès que le roi me demandera dans une affemblée authentique une augmentation momentanée pour couvrir le déficit, je ferai fagement de lui fubvenir de toute ma force. Les befoins font grands; l'honneur national ne doit point être compromis. J'ai un roi : j'ai un bon roi : j'ai un roi vertueux : il faut le fatisfaire : il faut plus, il faut qu'il foit heureux.

Je crois que lorfque le fubfide fera convenu avec la nation, le moyen de le répartir juftement, fe trouvera plutôt dans une bonne ordonnance de formalité, dans les élections, dans les cours des aides, dans les intendans, que dans des affemblées provinciales, qui feront toujours inflammatoires, barbouillantes, incertaines, & anti-monarchiques.

Je crois que je dois m'abftenir d'être des

affemblées provinciales, 1°. parce que cela ne mene à rien ; 2°. parce que j'ai ma fortune à foigner , mes enfans à établir, mon commerce à faire , le palais à fuivre , mon régiment à joindre , mes voifins à ménager ; 3°. parce qu'un miniftere éphé-mere & partagé eft toujours peu éclairé , & qu'on ne fait vraiment bien en France , que ce dont on fait fon état , ce dont on répond en perfonnne.

Je crois que je ne dois plus lire déformais les procès-verbaux des affemblées provin-ciales , 1°. parce qu'ils font ennuyeux ; 2°. parce qu'il m'a paru indécent que vingt toifes de chemin, des étalons , ou tout au-tre petit objet d'adminiftration , qu'un in-tendant faifoit faire ci-devant fans bruit , y abforbent l'attention de toute une pro-vince.

Je crois que l'on a tort de crier contre la maffe des penfions. Sur environ trente millions qu'il en exifte , il n'y en a pas pour un million d'abufives. Cette fomme n'eſt rien dans un auſſi grand État ; & il ſeroit injuſte, ſous ce prétexte, de porter atteinte à ce qui eſt acquis par le mérite. Les penſions ſont le prix des ſueurs, du ſang, de la vie de braves citoyens qui ont travaillé à l'édifice qui nous ſert d'abri. Elles ſont l'effet du plus ſacré des contrats. Y porter atteinte, c'eſt attaquer l'autorité dans ſon endroit le plus ſenſible. C'eſt ôter toute confiance, & tout attachement au chef de la choſe publique. C'eſt rendre illuſoire le plus autentique des titres, le ſervice. Les Athéniens s'étoient arriérés en donnant trop de traitemens ; car les peuples & les princes magnanimes, ſont ſujets à cette faute. Ils penſerent à les réduire ; Démoſthenes s'éleva contre cette parcimonie, prouva qu'il étoit de l'intérêt des Athéniens de ſouffrir l'abus, plutôt que d'altérer la confiance dans leurs dons. Athenes obérée & généreuſe confirma le décret de Démoſthenes, & paya. La France ne doit pas faire moins.

Je crois qu'il ne faut plus faire de renversemens, qu'il faut cesser d'attaquer toutes les conditions & tous les offices, parce qu'en ôtant aux citoyens la confiance dans les places que donne le gouvernement, on ôte à l'autorité ses appuis, & on détourne du service les gens les plus sensés & les plus capables.

Je crois, quoique je ne sois pas commerçant, que si le commerce prospere, je louerai mieux ma maison, je vendrai mieux mes denrées, j'aurai plus de ressources, plus de commodités, plus d'agrémens, l'État plus de sujets & plus de forces : & je souhaite, en conséquence, que le commerce se rétablisse.

Je crois qu'après avoir fait bien des réflexions sur cette profession de foi civile, un très-grand nombre de mes concitoyens finira par l'adopter, en convenant que j'ai raison.

*F I N*